Die besten Android-Apps

CHRISTIAN IMMLER

Markt+Technik

Gratis-Download
Wenn Sie auf die Buch-Webseite www.mut.de/pdf-book/2502 gehen und den Code **2502** eingeben, können Sie ein PDF mit Tipps zu Spiele-Apps downloaden.

ISBN 978-3-95982-502-3

Produktmanagement Christian Braun, Burkhardt Lühr
Lektorat, Herstellung Jutta Brunemann
Covergestaltung David Haberkamp
Coverfoto © kirill_makarov – stock.adobe.com
Druck mediaprint solutions GmbH, Paderborn
Printed in Germany

Inhaltsverzeichnis

1. Apps finden und installieren

Jedes Betriebssystem wird erst interessant durch die Anwendungen, die darauf laufen. Das gilt nicht nur für PCs, sondern auch für Smartphones und Tablets. Dort spricht man – angelehnt an Apples iPhone-Anwendungen – allgemein nur von Apps. Der alte Begriff »Handysoftware« ist in Vergessenheit geraten. Ähnlich wie es für PCs Tausende Programme gibt, wird auch der Markt an Apps immer umfangreicher und unübersichtlicher. So ziemlich jedes erdenkliche Thema lässt sich mit der passenden App auf dem Smartphone darstellen. Für Android sind auch nach zweimaligem gründlichem Ausmisten durch Google in den Frühjahren 2018 und 2019 immer noch über 2.800.000 verschiedene Apps erhältlich, etwa zwei Drittel davon kostenlos. Allerdings werden Sie, wenn Sie sich einige Zeit mit diesem Thema beschäftigt haben, feststellen, dass Sie über 99 % der Apps nicht brauchen. Dieses Buch hilft Ihnen dabei, die wirklich nützlichen Apps zu finden.

Android 12

Dieses Buch enthält bereits die Neuerungen der aktuellen Android-Version 12. Alle vorgestellten Apps wurden auf Android 12 getestet. Fast alle laufen aber auch auf den immer noch modernen Android-Versionen 10 und 11, viele sogar auf den älteren Versionen Android 8 und 7. Mit älteren Versionen vor Android 5 läuft kaum noch eine App. Beachten Sie die Mindestanforderungen in den Beschreibungen der Apps.

Der Google Play Store

Die erste Anlaufstelle, um Apps auf ein Android-Smartphone herunterzuladen, ist der Google Play Store. Zum Download aus dem großen Angebot ist eine spezielle App nötig, die auf allen Android-Geräten mit Google-Zertifizierung vorinstalliert ist. Smartphones kleiner Hersteller, die sich keine Google-Lizenz leisten wollen, oder Geräte aus chinesischer Produktion für den dortigen Inlandsmarkt haben keinen Zugang zum Google Play Store. Als Folge der aktuellen Blockade der US-Regierung liefert Huawei zurzeit fast alle seine Smartphones weltweit ohne vorinstallierte Google-Dienste aus.

Das bedeutet aber nicht, dass auf diesen Geräten keine Apps installiert werden können. Android bietet im Gegensatz zu iOS die Möglichkeit, Apps auch aus anderen Quellen zu installieren. Die größten Smartphone-Hersteller Samsung, Huawei und Xiaomi installieren auf ihren Geräten zusätzlich zum Google Play Store noch eigene Stores.

Die Tablets der Kindle-Fire-Serie von Amazon haben ebenfalls keinen Google Play Store, obwohl sie auf Android basieren. Apps werden hier aus dem Amazon Appstore installiert.

Google-Konto

Der Google Play Store erfordert eine Anmeldung mit einem Google-Konto. Falls Sie bei der Einrichtung Ihres Smartphones kein Google-Konto angegeben haben, müssen Sie dies spätestens tun, wenn Sie den Google Play Store nutzen wollen.

Der Google Play Store listet alle Apps getrennt nach Anwendungen und Spielen in unterschiedlichen Kategorien auf. Hier kann man sich anhand von Empfehlungslisten inspirieren lassen. Diese Listen sollen zwar zur Orientierung dienen, sind aber weitgehend aussagelos, da sich Entwickler dort »einkaufen« können. Lediglich die Liste *Top-Charts* orientiert sich an tatsächlichen Downloadzahlen. Um eine bestimmte App zu finden, können Sie die Suchfunktion verwenden, wobei man auch hier Vorsicht walten lassen muss, da Entwickler betrügerischer Apps alles daransetzen, unter beliebten Suchbegriffen in den Listen aufzutauchen. Suchen Sie bekannte Apps besser in den *Top-Charts*, um sicherzugehen, die richtige App zu installieren.

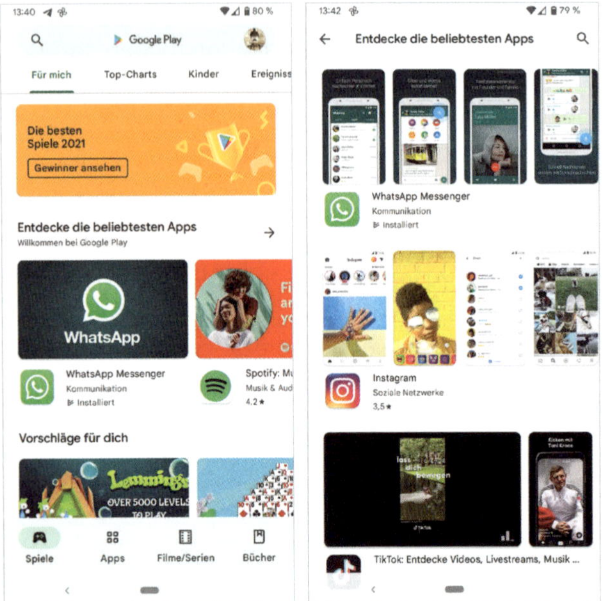

Neue App aus dem Google Play Store installieren

Apps auf dem Smartphone installieren

Zur Installation auf dem Smartphone brauchen Sie nach Auswahl der App nur noch auf *Installieren* zu tippen. Danach wird die App installiert, und Sie können sie direkt aus dem Google Play Store heraus öffnen. Selbstverständlich ist die neu installierte App auch in der Liste aller Apps zu finden.

Um den Google Play Store übersichtlicher zu halten, werden die früher teilweise sehr umfangreichen Beschreibungstexte der Apps erst beim Tippen auf *Über diese App* angezeigt. Der Google Play Store zeigte früher direkt auf der Seite einer App an, auf welche Systemkomponenten die jeweilige App zugreifen kann. Diese Berechtigungen wurden von vielen Medien missverstanden und in Verruf gebracht. Trotz der damals teilweise bedenklich klingenden Bezeichnungen sind die meisten Berechtigungen für das Funktionieren einer App wirklich nötig.

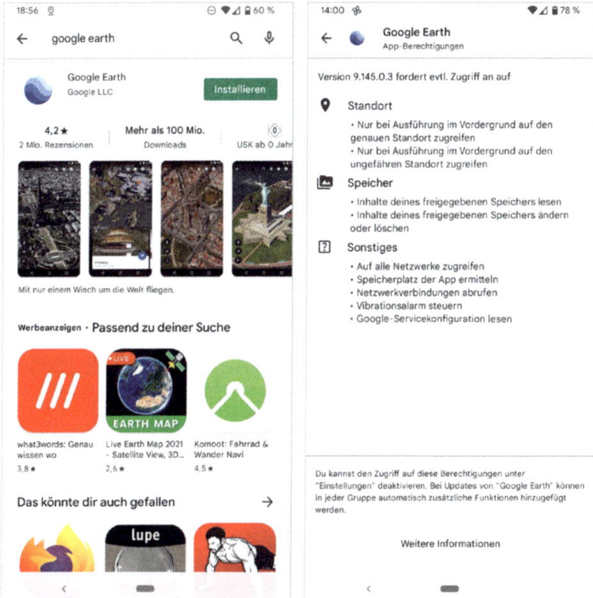

Neue App aus dem Google Play Store installieren

In Android 6 Marshmallow war es erstmals möglich, bestimmte Berechtigungen von Apps nachträglich einzuschränken. Dies gilt für Android 12 gleichermaßen. Ob die App ohne die jeweiligen Berechtigungen noch sinnvolle Arbeit leistet, bleibt dem Nutzer überlassen.

Da viele Anwender aus blinder Paranoia Berechtigungen verwehrt und anschließend schlechte Kritiken über die App veröffentlicht haben, werden die Berechtigungen mittlerweile nur noch über den Link *Weitere Informationen* ganz am Ende der App-Beschreibung angezeigt. Nutzer mit geringem technischem Verständnis sollen so weniger verwirrt werden.

Apps werden in Android 12 direkt installiert, ohne dass der Benutzer den Berechtigungen zustimmen muss. Die App fordert die Berechtigungen erst an, wenn sie erstmals benötigt werden.

Bewertungen und Nutzerkommentare

Das Symbol *Empfehlung der Redaktion* sowie die Anzahl der Sterne und auch die Gesamtzahl der Installationen ergeben einen guten Richtwert über die Qualität der App. Gekaufte vordere Positionen in Suchergebnissen im Play Store werden seit einiger Zeit als Anzeige gekennzeichnet.

Die Nutzerkommentare sollten Sie dagegen besser ignorieren. Wie in fast allen Onlineshops zeugen diese häufig von mangelhaftem technischem Verständnis, dafür umso mehr von übersteigertem Geltungsbewusstsein einiger Nutzer.

Besonders die Bewerter mit wenigen Sternen würden bereits im Deutschunterricht der ersten Klasse durchfallen. Wie viele andere Webseiten auch, würde sich Google Play einen Gefallen tun, wenn die Kommentare redaktionell gefiltert oder ganz abgeschaltet würden.

App-Berechtigungen einschränken

Apps zeigen bei der ersten Verwendung einer standardmäßig nicht gewährten Berechtigung eine Abfrage an, bei der Sie diese Berechtigung gewähren müssen, um die entsprechende Aktion der App ausführen zu können.

Manche Apps fordern den Benutzer auch auf, die App-Einstellungen zu öffnen und dort die Berechtigungen einzeln zu gewähren. Ob die App ohne die jeweiligen Berechtigungen noch sinnvolle Arbeit leistet, bleibt dem Nutzer überlassen.

Alle Beschreibungen in diesem Buch gehen davon aus, dass alle von Apps angeforderten Berechtigungen gewährt wurden.

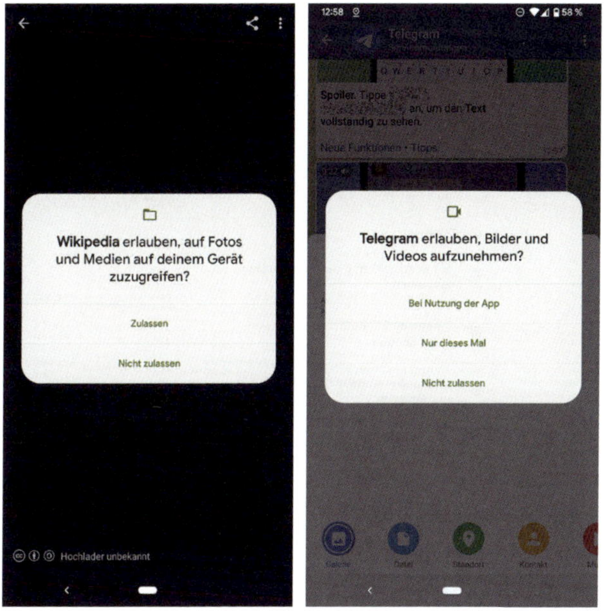

Unterschiedliche Anfragen nach Berechtigungen in verschiedenen Apps in Android 12

Um Berechtigungen nachträglich zu verweigern, suchen Sie in den *Einstellungen* unter *Apps* die gewünschte App. Tippen Sie hier auf *Berechtigungen*. Dann werden die deaktivierbaren Berechtigungen dieser App angezeigt und können einzeln ausgeschaltet werden.

Viele Apps benötigen aber Zugriff auf Dateien und Medien oder den Standort, auch wenn sie nur im Hintergrund laufen, um sinnvoll zu funktionieren.

Der Menüpunkt *Alle Berechtigungen* im Menü oben rechts zeigt alle von dieser App angeforderten Berechtigungen, auch die, die sich nicht abschalten lassen. Tippen Sie umgekehrt in den *Einstellungen* unter *Datenschutz* auf *Berechtigungsmanager*, erhalten Sie einen Überblick, welche Berechtigungen von wie vielen installierten Apps angefordert werden.

Tippen Sie auf eine angezeigte Berechtigung, werden die entsprechenden Apps aufgelistet. Hier können Sie einzelnen Apps die Berechtigung nachträglich entziehen oder auch gewähren, falls eine App nicht wie erwartet funktioniert.

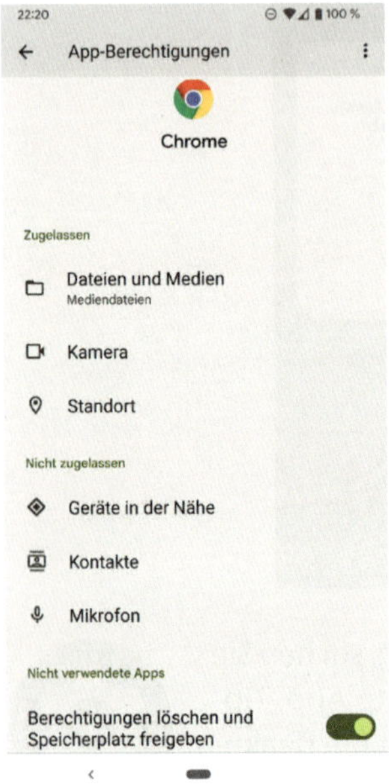

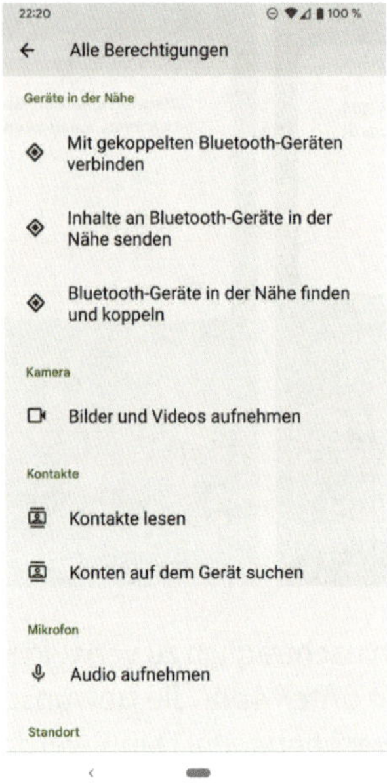

Berechtigungen einer App anzeigen

Automatische App-Updates

Unter *Apps und Gerät verwalten* im Menü des Google Play Store beim Klick auf das eigene Profilbild rechts oben speichert der Google Play Store alle von dort heruntergeladenen Apps. In dieser Liste werden auch Update-Benachrichtigungen angezeigt, wenn von einer App eine neue Version verfügbar ist.

Einige Apps erhalten häufig Updates. Um nicht jede App manuell updaten zu müssen, können Sie auch alle anstehenden Updates auf einmal aktualisieren.

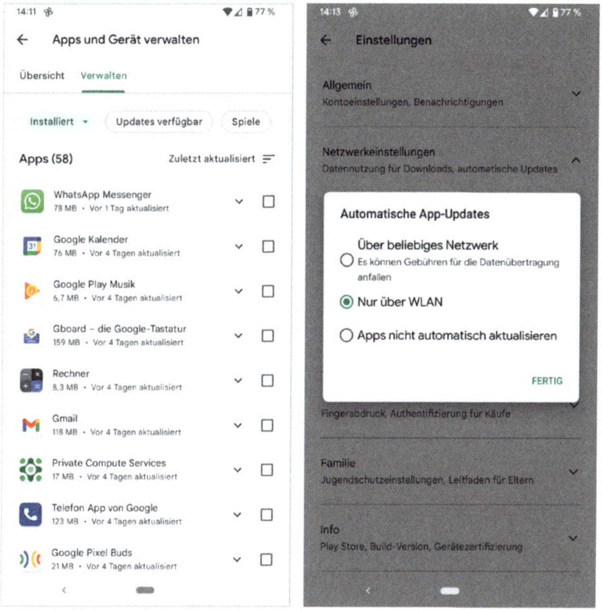

Update-Benachrichtigungen und automatische App-Updates im Google Play Store

Automatische Updates aktivieren

Möchten Sie sich über Updates keine Gedanken machen müssen, schalten Sie über den Menüpunkt *Einstellungen* im Google Play Store unter *Netzwerkeinstellungen* die Option *Automatische App-Updates* ein. Um Mobilfunk-Datenvolumen zu sparen, sollten Sie hier die Option *Nur über WLAN* aktivieren. Damit werden automatische Updates nur heruntergeladen, wenn das Smartphone in einem WLAN ist. Manuell können Sie trotzdem jederzeit App-Updates auch über Mobilfunk installieren.

Auch wenn automatische Updates aktiv sind, können Sie bei einzelnen Apps über das Menü oben rechts die automatischen Updates abschalten, wenn z. B. bekannt ist, dass neue App-Versionen Kompatibilitätsprobleme, Werbung, Bezahlfunktionen oder Funktionseinschränkungen mit sich bringen. Sowie ein Update neue Berechtigungen erfordert, wird es nicht mehr automatisch installiert. In diesem Fall müssen Sie zuerst den neuen Berechtigungen zustimmen. Danach kann das Update manuell installiert werden.

Automatisches Update beim ersten Start

Bereits direkt nach dem Start meldet fast jedes Smartphone, dass Updates zur Verfügung stehen. Dabei handelt es sich um einige Google-Apps, die inzwischen in einer neueren Version angeboten werden als der, mit der die Geräte im Herstellerwerk vorkonfiguriert wurden. Die Meldung brauchen Sie nicht weiter zu beachten, da diese Updates automatisch installiert werden.

So kann man Apps kaufen

Kostenpflichtige Apps werden im Google Play Store mit Googles eigenem Bezahlsystem **G Pay** bezahlt. Dies funktioniert zurzeit mit einer gültigen Kreditkarte oder über die Mobilfunkrechnung. Spätestens beim ersten Kauf einer App müssen Benutzer in ihrem Google-Konto Kreditkartendaten und auch eine gültige Postanschrift hinterlegen. Vor jedem Kauf können Sie die Zahlungsmethode wechseln, und es muss sicherheitshalber noch einmal das Passwort des Google-Kontos eingegeben werden, solange Sie diese Abfrage nicht deaktiviert haben.

Alternativ können Sie Prepaid-Guthaben für den Google Play Store in Form von Geschenkkarten u. a. bei verschiedenen Supermarkt- und Elektronikmarktketten kaufen und beim Onlinekauf einlösen. Weitere Informationen finden Sie unter goo.gl/j9wo9c. Der Google Play Store unterstützt auch das Prepaid-System Paysafecard sowie PayPal als Zahlungsmethode. Dabei kann ein beliebiges PayPal-Konto eingetragen werden. Dieses muss nicht mit der E-Mail-Adresse Ihres Google-Kontos übereinstimmen.

Vorsicht: Betrug mit Google-Play-Prepaid-Karten

Immer wieder versuchen Betrüger, über E-Mails oder Anrufe an die Codes von Google-Play-Geschenkkarten zu kommen. Verwenden Sie niemals Google-Play-Geschenkkarten, um Steuern, Kautionen oder sonstige Beträge außerhalb von Google Play zu bezahlen. Google-Play-Geschenkkarten können ausschließlich für Käufe im Google Play Store verwendet werden.

Eine App, die Sie einmal auf einem Android-Gerät gekauft haben, können Sie auf weiteren Geräten mit demselben Google-Konto installieren, ohne sie neu zu kaufen. Wählen Sie dazu im Menü von Google Play *Apps und Gerät verwalten*.

Dort finden Sie neben den auf diesem Gerät installierten Apps noch alle Apps, die Sie jemals mit diesem Google-Konto auf irgendeinem Android-Gerät heruntergeladen haben – Freeware und auch Kauf-Apps. Hier werden auch Apps angezeigt, die mit dem aktuellen Smartphone nicht kompatibel sind. Diese können dann aus der Liste nicht installiert werden.

Google-Play-Guthaben mit Umfragen verdienen

Möchten Sie kostenpflichtige Apps ab und zu mal kostenlos bekommen? Durch regelmäßiges Beantworten einfacher statistischer Fragen können Sie Google-Play-Guthaben verdienen.

Google Umfrage-App

Hersteller: **Google LLC**
Preis: **kostenlos**
Android-Version: **ab 4.4**

Die *Google Umfrage-App* liefert alle paar Tage eine einfach zu beantwortende statistische Frage. Für das Beantworten bekommt man ein paar Cent gutgeschrieben. Nach wenigen Wochen bis Monaten hat man sich damit die erste App verdient.

Der Google Play Store auf dem PC

Der Google Play Store ist auch vom PC über einen beliebigen Webbrowser unter play.google.com/store/apps zu erreichen. Hier können Sie Apps finden und auch direkt auf Ihren Geräten installieren. Zur Installation von Apps muss man auf dem PC im Browser mit dem Google-Konto angemeldet sein, das auch auf dem Smartphone verwendet wird. Mit dem Zahnradsymbol rechts oben können Benutzer die verwendeten Geräte verwalten. Unter dem Link *Apps/Meine Apps* sehen Sie alle auf Ihren Android-Geräten installierten Apps.

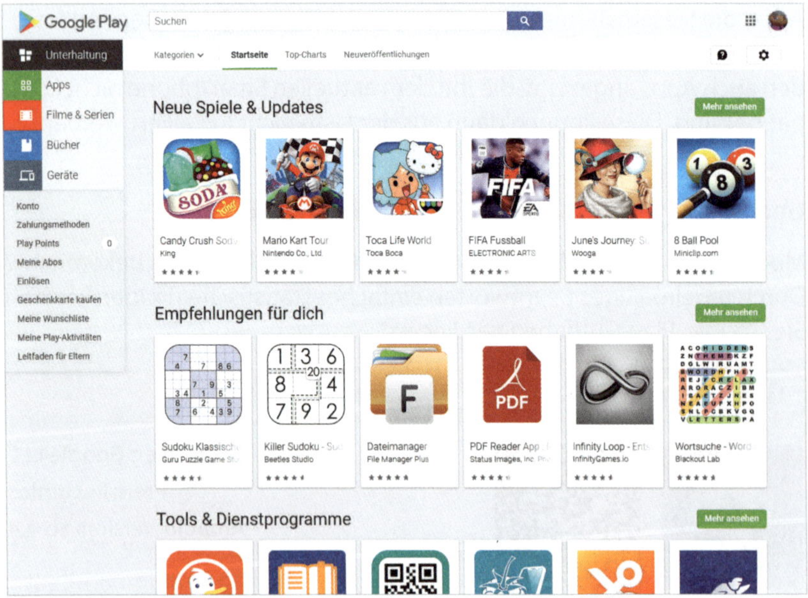

Der Google Play Store auf dem PC

Bevor Sie eine App zur Installation auswählen, prüfen Sie unterhalb des grünen Installations-Icons die Gerätekompatibilität. Ein Klick auf das *i*-Symbol zeigt alle in diesem Google-Konto eingetragenen Android-Geräte an. Anhand von Betriebssystemversion, Bildschirmgröße und einigen anderen technischen Kriterien wird ermittelt, mit welchen Geräten die App kompatibel ist.

Um eine App auf dem Smartphone zu installieren, klicken Sie auf dem PC auf den *Installieren*-Button bei der jeweiligen App. Wählen Sie jetzt noch das gewünschte Gerät aus, wenn Sie mit Ihrem Google-Konto mehrere Android-Geräte angemeldet haben, z. B. ein Smartphone und ein Tablet.

Um die Installation auf dem jeweiligen Gerät brauchen Sie sich keine Gedanken mehr zu machen. Die App wird nun vollautomatisch an Ihr Smartphone geschickt und dort installiert. Sie werden darüber in der Benachrichtigungszeile informiert. Beachten Sie hierbei, dass die Bestellung sofort per Push auf Ihr Smartphone geschickt wird. Das verbraucht Datenvolumen oder erzeugt Kosten, falls Sie keine Flatrate besitzen. Besonders schnell und kostenlos geht es natürlich, wenn Ihr Smartphone per WLAN online ist.

Apps per QR-Code installieren

Immer mehr Plakate und andere Offlinewerbeformen zeigen Internetadressen, die sich der vorbeigehende Betrachter allerdings merken oder aufschreiben muss. Im Gegensatz zur Bannerwerbung kann man eine URL auf einem Plakat nicht einfach anklicken.

QR-Codes (**Q**uick **R**esponse = schnelle Antwort) bieten hier eine komfortable Lösung. Sie sind der schnelle Weg zu einer Webseite, ohne Adressen abzutippen.

Diese grobpixeligen Schwarz-Weiß-Grafiken findet man inzwischen auch auf Fahrscheinen, Visitenkarten und T-Shirts. Auch an Straßenbahnhaltestellen, Fahrkartenautomaten und touristischen Sehenswürdigkeiten sind aktuelle Infos häufig per QR-Code abrufbar. Die einfachste Methode, die im Buch beschriebenen Apps zu installieren, sind die abgedruckten QR-Codes bei jeder App.

Google Lens

Hersteller: **Google LLC**
Preis: **kostenlos**
Android-Version: **ab 6.0**

Auf aktuellen Smartphones mit Android 12 ist die App *Google Lens* installiert und zusätzlich auch das Google-Lens-Plug-in in der Kamera-App. Damit lassen sich QR-Codes ohne zusätzliche App erkennen und auswerten.

Google Lens scannt QR-Codes, wertet sie aus und startet automatisch einen Browser, wenn es sich bei der im QR-Code gespeicherten Information um einen Weblink handelt. QR-Codes können neben Weblinks auch Telefonnummern, Kurztexte oder Kontaktdaten beinhalten. Über QR-Codes können Sie Apps auf dem Smartphone installieren. Scannen Sie dazu die im Buch abgedruckten QR-Codes. Diese führen direkt in den Google Play Store.

1 Starten Sie die App *Google Lens* auf dem Smartphone oder tippen Sie in der Kamera-App auf *Modi* und tippen dann auf das Google-Lens-Symbol.

2 Halten Sie die Kamera auf einen QR-Code.

3 Sobald der Code der App erkannt wurde, erscheint ein Link. Tippen Sie darauf.

4 Automatisch öffnet sich der Google Play Store und Sie können die App installieren.

Der QR-Code aus dem Buch wurde erkannt

Nicht benötigte Apps wieder deinstallieren

Irgendwann ist der Speicher des Smartphones voll oder Sie wollen mal wieder den Überblick in der App-Liste haben. Wie auch immer, es wird der Zeitpunkt kommen, an dem Sie bestimmte Apps wieder vom Smartphone entfernen möchten. Leider funktioniert dies nicht mit allen der auf manchen Smartphones vorinstallierten Werbe-Apps.

Apps können auf drei verschiedenen Wegen wieder deinstalliert werden. Leider funktioniert nicht immer jede Methode bei jeder App, was unterschiedliche Gründe haben kann.

- **Apps über die App-Liste oder den Startbildschirm deinstallieren:** Am einfachsten deinstallieren Sie Apps direkt aus der App-Liste oder vom Startbildschirm. Halten Sie den Finger länger auf die zu deinstallierende App und ziehen Sie sie etwas nach oben, bis das *Deinstallieren-*

Symbol erscheint. Ziehen Sie die App auf dieses Symbol und bestätigen Sie die Sicherheitsabfrage. Bei Apps, die im ROM des Smartphones vorinstalliert sind, erscheint das *Deinstallieren*-Symbol gar nicht erst.

- **Apps über den Google Play Store deinstallieren:** Im Google Play Store finden Sie auf der Seite *Apps und Gerät verwalten* alle aus dieser Quelle installierten Apps. Markieren Sie die Apps, die entfernt werden sollen, und tippen Sie oben auf das Papierkorbsymbol. Auch auf der Detailseite jeder installierten App gibt es die Schaltfläche *Deinstallieren*. Vor der endgültigen Deinstallation erscheint noch eine Sicherheitsabfrage.
- **Apps über die Systemeinstellungen deinstallieren:** Apps, die aus anderen Quellen installiert wurden, werden im Google Play Store nicht immer gefunden. Über die *Einstellungen* können Sie normalerweise jede App deinstallieren. Wählen Sie hier *Apps/Alle Apps ansehen*, sehen Sie eine Liste aller installierten Apps mit den Angaben, wie viel Speicherplatz jede einzelne App belegt. Wählen Sie in dieser Liste diejenige App aus, die Sie entfernen möchten. Auf der nächsten Bildschirmseite können Sie diese App dann deinstallieren.

Alternativen zum Google Play Store

Neben dem Google Play Store gibt es noch weitere unabhängige Anbieter von Android-Apps, die auch andere Zahlungsmethoden anbieten, etwa Lastschrift oder Sofortüberweisung. Hobby-Programmierer und Open-Source-Projekte können auch nicht immer für jede Betaversion oder Neuentwicklung die Gebühr bezahlen, die Google für das Einstellen in den Play Store verlangt. Zahlreiche Entwickler sind daher dazu übergegangen, ihre Apps zusätzlich oder gar ausschließlich über ihre eigenen Webseiten oder unabhängige Downloadportale anzubieten.

Apps werden außerhalb des Google Play Store als APK-Dateien zum Download angeboten. Diese können direkt über den Browser oder auch aus einem Dateianhang einer E-Mail auf dem Smartphone installiert werden. Die heruntergeladenen Dateien sind im Dateimanager unter *Down-*

loads oder direkt nach dem Herunterladen über die Benachrichtigungen zu finden.

Bei der ersten Installation einer APK-Datei aus einer anderen App, z. B. einem Cloud-Speicher oder einem Browser, erscheint ein Hinweis, dass Installationen aus unbekannten Quellen nicht zulässig sind. Direkt aus dieser Meldung besteht Zugriff auf die zugehörige Systemeinstellung, mit der man die Installation aus unbekannter Herkunft zulassen kann.

Seit Android 8 Oreo wird die Berechtigung zur Installation unbekannter Apps für einzelne Apps vergeben. Damit wird es leichter möglich, aus einem Browser oder einem App Store eines anderen Anbieters als Google Play Apps zu installieren. Automatische Downloads und Installationen von Werbe- und Spam-Apps aus Spielen heraus bleiben aber unterbunden. Dies gilt auch für alle aktuellen Android-Versionen 10, 11 und 12.

Tippen Sie in den *Einstellungen* unter *Apps* auf *Spezieller App-Zugriff/ Installieren unbekannter Apps*. Hier sind die Apps aufgelistet, denen bereits die Berechtigung zur Installation anderer Apps gewährt wurde. Hier können Sie Apps dieses Recht neu gewähren oder auch wieder entziehen.

Hintergrund – gefährliche Apps

Die Installation einer App aus einer APK-Datei einer anderen vertrauenswürdigen Quelle ist technisch gleichermaßen sicher wie aus dem Google Play Store. Mit den Warnungen innerhalb des Betriebssystems macht Google Marketing für seinen Play Store. Auch dort haben es Entwickler immer wieder geschafft, bösartige Software zu verbreiten. Letztendlich ist jeder Anwender selbst dafür verantwortlich, welche Apps er auf seinem Smartphone oder Tablet installiert. Diese Verantwortung kann einem kein App-Store-Betreiber abnehmen, egal ob Google Play oder ein anderer. Apps von unbekannten chinesischen Downloadseiten oder gar über ein Werbebanner zu installieren, ist dagegen leichtsinnig.

Amazon Appstore

Der Amazon Appstore liefert viele kostenlose, aber auch kostenpflichtige Apps sowie Werbe-Apps, bei deren Nutzung man sich sogenannte Amazon Coins verdienen kann, die später zum Kauf anderer Apps eingesetzt werden können. Dieser Store läuft über eine eigene App, die zunächst auf dem Smartphone installiert werden muss. Auf Tablets der Kindle-Fire-Serie ist der Amazon Appstore vorinstalliert.

Besuchen Sie mit dem Browser auf dem Smartphone die Seite amazon.de/androidapp. Oder nutzen Sie den QR-Code zum Download des Amazon Appstore. Zur Installation dieser APK-Datei muss die Installation aus unbekannten Quellen zugelassen sein. Bei der ersten Installation einer App aus dem Amazon Appstore müssen Sie auch diese Quelle als vertrauenswürdig festlegen, um Apps installieren zu können. Der Store zeigt direkt einen Link zu den passenden Einstellungen.

Amazon bietet vor allem Spiele an. Zur Nutzung des Amazon Appstore braucht man ein Amazon-Kundenkonto. Dort wird automatisch bei der Anmeldung im Appstore das 1-Click-Kaufen aktiviert. Viele Apps bieten In-App-Käufe an, mit denen man in einer App oder einem Spiel zusätzliche Funktionen kostenpflichtig freischalten kann. Ähnlich wie der Google Play Store hat auch der Amazon Appstore eine Art Kindersicherung, um solche In-App-Käufe zu unterbinden.

Uptodown

Uptodown ist ein unabhängiger App Store, der ausschließlich kostenlose Apps anbietet. Die Apps werden als APK-Dateien zum Download angeboten, daher können Sie den App Store direkt über den Browser de.uptodown.com aufrufen. Zusätzlich bietet Uptodown in seinem Store auch eine eigene App an. Diese hat den Vorteil, dass Updates installierter Apps angezeigt werden und auf Wunsch auch automatisch installiert werden können.

Ein großer Vorteil von Uptodown gegenüber anderen App Stores ist die Möglichkeit, eine App auf eine ältere Version downzugraden oder gleich eine ältere Version zu installieren, wenn die aktuelle Version Fehler, Funktionseinschränkungen oder lästige Werbung ohne wirkliche Vorteile enthält.

So bietet Uptodown z. B. noch die alte Version des *DB Navigator* an, die noch wesentlich mehr Funktionen und eine übersichtlichere Darstellung bietet als die aktuelle Version.

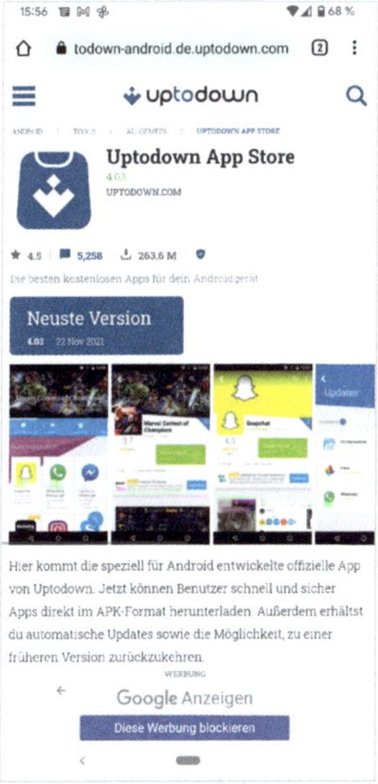

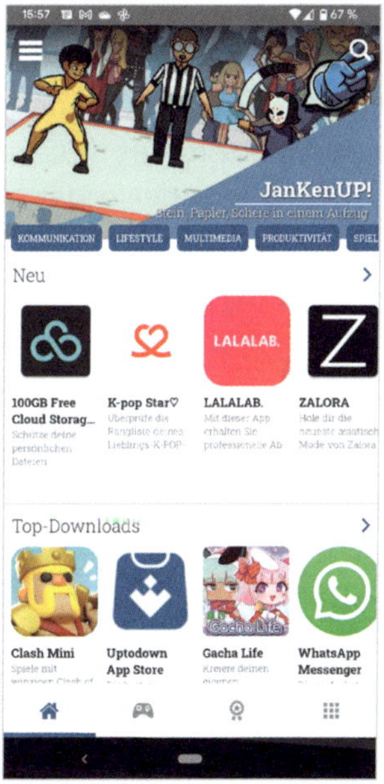

Uptodown im Browser und als App

2. Surfen und mailen

Das Internet ist heute die wichtigste Funktion jedes PCs. Das gilt noch mehr für Smartphones und Tablets. Dementsprechend viele Apps helfen, das Internet bequemer zu nutzen, komfortabel zu surfen und zu mailen.

Browser und Surftools

Google Chrome

Hersteller: **Google LLC**
Preis: **kostenlos**
Android-Version: **k. A.**

Auf aktuellen Android-Smartphones ist Chrome parallel zum Standardbrowser der Gerätehersteller oder sogar als einziger Browser bereits

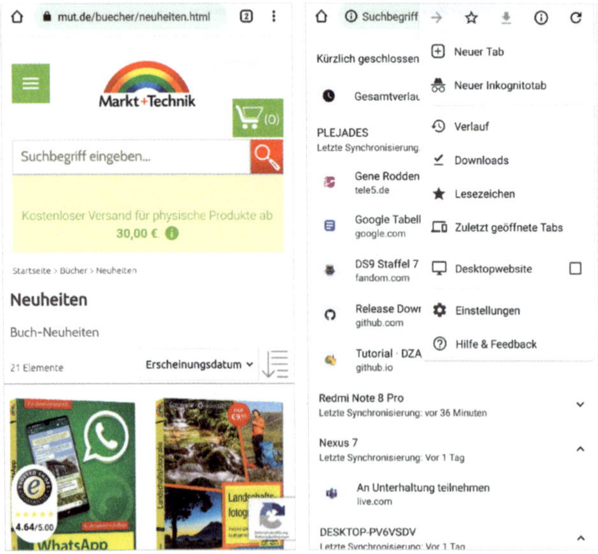

Google Chrome auf dem Smartphone, rechts das Synchronisieren

vorinstalliert. Chrome bietet wie auf dem PC einen sehr schnellen Seitenaufbau, flüssiges Zoomen und Scrollen sowie Surfen in mehreren Tabs.

Tabs und Lesezeichen werden zwischen PC und Smartphone synchronisiert, sodass man zu Hause direkt weitersurfen kann, wenn man unterwegs eine interessante Webseite entdeckt hat. Dazu müssen Sie sich nur beim ersten Start in Chrome mit Ihrem Google-Konto anmelden.

Firefox

Hersteller: **Mozilla**
Preis: **kostenlos**
Android-Version: **ab 5.0**

Firefox für Android basiert auf der gleichen Technologie wie der beliebte Browser für PCs. Auch auf dem Smartphone überzeugt Firefox durch seine extrem schlanke sowie funktionelle Oberfläche.

Die aktuelle Firefox-Version unterstützt alle wichtigen Webtechnologien wie Tabs, JavaScript sowie HTML-Layer und bietet auch weitreichende HTML5-Unterstützung.

Natürlich verfügt Firefox auch über alle Funktionen moderner Android-Browser wie einen privaten Modus, Umschaltung auf die Desktop-Version von Webseiten, Lesezeichen, Chronik und das Teilen von Internetadressen über verschiedene Kommunikationswege.

Die Chronik, die Liste der meistbesuchten Seiten sowie die Lesezeichen erreichen Sie direkt auf der Firefox-Startseite, die frei anpassbar ist. Tippen Sie auf die kleine Ziffer rechts neben der Adresszeile, erscheinen weitere Tabs.

Die kombinierte Such- und Adressleiste findet schnell einen gesuchten Begriff in der Chronik der besuchten Seiten wie auch über verschiedene

Suchmaschinen. Mit dem Symbol *Suchmaschine* oberhalb des Eingabefeldes wählen Sie Ihre bevorzugte Suchmaschine aus.

Das Symbol *Scannen* startet den in Firefox eingebauten QR-Code-Scanner, um über einen QR-Code zu einer Internetseite zu kommen, ohne erst eine andere App aufrufen zu müssen.

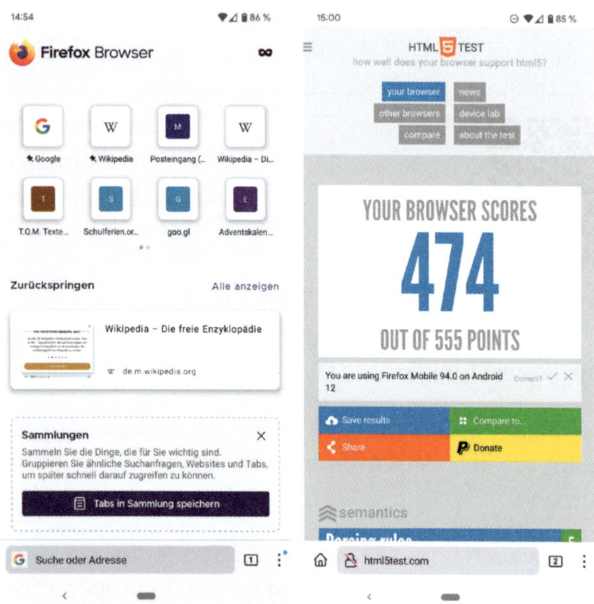

Startseite und HTML5-Testergebnis im mobilen Firefox

Per Firefox Sync lassen sich Lesezeichen, Passwörter und Formulareingaben mit anderen Geräten oder Firefox auf dem PC synchronisieren, sodass man nicht alles auf dem Smartphone neu eingeben muss.

Sie finden die Lesezeichen sowie die Chronik der zuletzt geöffneten Webseiten automatisch auch auf dem Smartphone. Dazu legen Sie auf dem PC ein Firefox-Konto an und melden sich mit dem gleichen Konto auch bei *Firefox für Android* an.

Firefox Klar

Hersteller: **Mozilla**
Preis: **kostenlos**
Android-Version: **ab 5.0**

Firefox Klar ist eine spezielle Version des Firefox-Browsers für Leute mit gesteigerten Sorgen um ihre Privatsphäre. Der Browser blockiert standardmäßig Skripte zur Werbeverfolgung, Analyse und Verfolgung durch soziale Netzwerke. Außerdem kann die Standardsuchmaschine frei gewählt werden.

Da der Browser keine Daten speichert, gibt es keine Lesezeichen und keine Chronik. Um sich eine Webseite zu merken, können Sie diese auf dem Startbildschirm speichern.

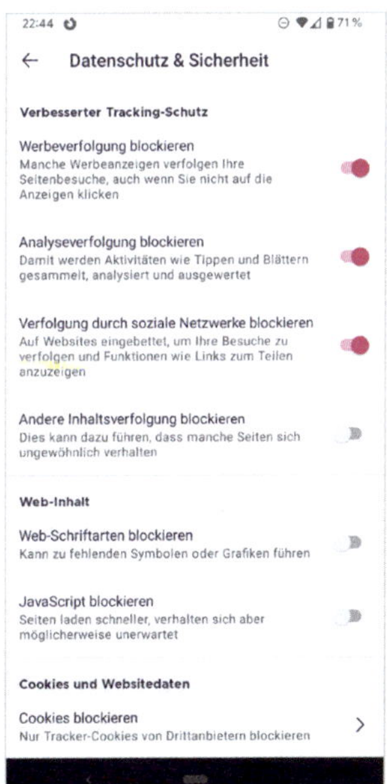

Firefox Klar – eingeschränkte Firefox-Version für Datenschützer

Opera-Browser

Hersteller: **Opera Software**
Preis: **kostenlos**
Android-Version: **k. A.**

Eine lokale Startseite in *Opera* vereinfacht die Navigation und zeigt die am häufigsten angewählten Internetseiten oder personalisierbare Newsfeeds zu verschiedenen Themen an.

Ähnlich wie auf dem PC sind ein automatisches Ausfüllen von Formularen und das Vervollständigen von Internetadressen sowie die Synchronisation von Verlaufsliste und Lesezeichen auf mehreren Geräten möglich.

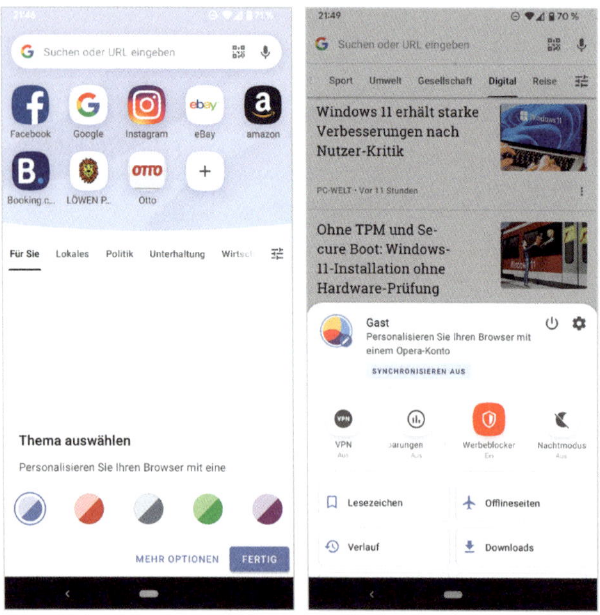

Startseite mit Newsfeed und Werbeblocker in Opera

Der integrierte Werbeblocker spart zusätzlich Datenvolumen und macht viele Seiten lesbarer. Zusätzlich kann der Werbeblocker auch die immer häufiger verwendeten – weil EU-rechtlich vorgeschriebenen – Cookie-Pop-ups blockieren oder automatisch quittieren.

Ein spezieller Datensparmodus in Opera verwendet eine serverseitige Komprimierung aller aufgerufenen Webseiten. Je nach Aufbau der Seite lässt sich das zu übertragende Datenvolumen um bis zu 90 % eindampfen, was der Geschwindigkeit des Seitenaufbaus zugutekommt und auch Datenvolumen spart. Selbst bei schlechter Mobilfunkabdeckung lassen sich so viele Webseiten noch aufrufen.

Im privaten Modus bietet Opera ein kostenloses VPN für besonderen Datenschutz, wenn der Webseitenbetreiber keinerlei Informationen über den Besucher erhalten soll.

Vivaldi-Browser

Hersteller: **Vivaldi Technologies**
Preis: **kostenlos**
Android-Version: **ab 6.0**

Der Vivaldi-Browser ist ein moderner Browser mit vielfältigen Anpassungsmöglichkeiten, privatem Modus sowie einem Blocker für Werbung und Tracker. Ohne zusätzliche Apps lassen sich Webseiten übersetzen, Screenshots und Notizen zu Webseiten erstellen.

Ein eingebauter QR-Code-Scanner erleichtert den Aufruf von Webseiten über QR-Codes. Alle wichtigen Browserdaten, geöffnete Tabs, Passwörter, Lesezeichen und Notizen lassen sich zwischen mehreren Smartphones wie auch mit der PC-Version des Vivaldi-Browsers verschlüsselt synchronisieren.

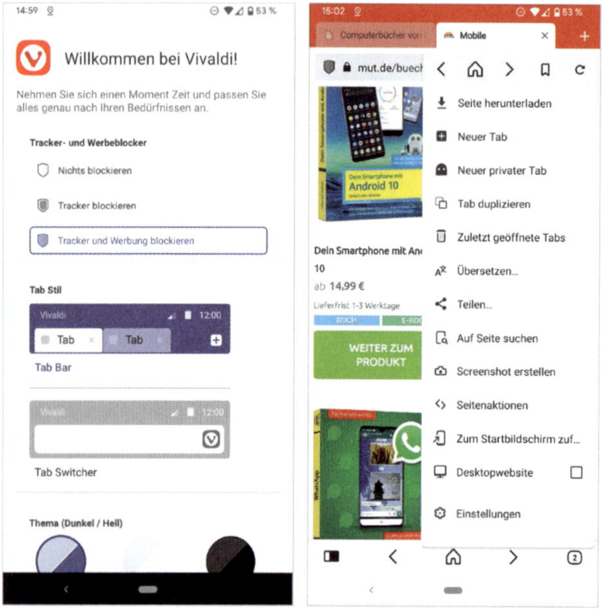

Der Vivaldi-Browser mit vielen innovativen Funktionen

Microsoft-Edge-Browser

Hersteller: **Microsoft Corporation**
Preis: **kostenlos**
Android-Version: **ab 6.0**

Der Edge-Browser ist sicher nicht der beste Browser – wer ihn aber unter Windows nutzt, kann Browserdaten wie Lesezeichen, Verlauf, Passwörter mit der Smartphone-App synchronisieren.

Edge bietet auf dem Smartphone einen eingebauten Werbeblocker und InPrivate-Modus. Zur Suche ist Microsoft Bing vordefiniert, das kann aber geändert werden.

Tor Browser

Hersteller: **The Tor Project**
Preis: **kostenlos**
Android-Version: **ab 5.0**

Der offizielle Browser des Tor Projects ermöglicht sicheres, anonymes Surfen im Internet ohne Verfolgung durch Werbetracker. Effektive Multilayer-Verschlüsselung bietet optimale Sicherheit. Überwachung, Fingerprints und Rückverfolgung werden durch die Tor-Technologie, bei der alle Anfragen nacheinander über mehrere Server geleitet werden, verhindert.

Google Lens

Hersteller: **Google LLC**
Preis: **kostenlos**
Android-Version: **ab 6.0**

Statt eine Suchanfrage bei Google einzutippen, fotografiert man einfach ein Objekt, Bild oder Logo und findet es so im Internet. *Google Lens* funktioniert mit Text, Sehenswürdigkeiten, Büchern, Gemälden, Logos und zahlreichen anderen Objekten.

Fremdsprachige Texte können übersetzt werden, und bei Speisekarten findet *Google Lens* Rezepte, Zutatenlisten oder Bewertungen. Nachdem man etwas mit der Smartphone-Kamera fotografiert hat, wird das Bild analysiert, und kurz darauf werden passende Suchergebnisse bei Google angezeigt.

Auf aktuellen Smartphones ist *Google Lens* als Plug-in in der Kamera-App installiert und kann direkt daraus oder aus dem Suchfeld auf dem Startbildschirm aufgerufen werden.

Google Go

Hersteller: **Google LLC**
Preis: **kostenlos**
Android-Version: **ab 9.0**

Die vorinstallierte *Google App* wird immer aufwendiger und verbraucht auch einiges an Datenvolumen bei der Suche. *Google Go* ist eine moderne, schlanke Alternative, die offiziell von Google angeboten wird. Buttons auf der Startseite erleichtern typische Suchaufträge und ermöglichen auch die Suche in beliebten Apps.

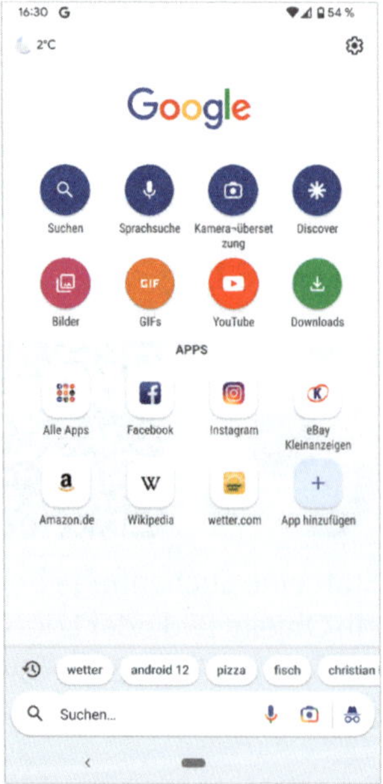

Schlanke, schnelle Suche mit Google Go E-Mail

Bei der Eingabe eines Suchbegriffs werden gleich Vorschläge angezeigt, die durch einfaches Antippen aufgerufen werden können.

Google Go verbraucht etwa 40 % weniger Daten als die »große« Google-Suche und liefert in den meisten Fällen auch wesentlich schneller die passenden Ergebnisse.

Direkt auf dem Startbildschirm von *Google Go* finden sich Symbole für *Sprachsuche*, *Google Lens*, *Google Discover* sowie einige weitere häufig verwendete Apps.

Diese Liste lässt sich auch persönlich anpassen. Das Symbol *Alle Apps* zeigt eine ausführlichere Liste, wobei es sich aber in den meisten Fällen nicht um echte Apps, sondern nur um Links auf populäre Webseiten handelt.

E-Mail

Microsoft Outlook

Hersteller: **Microsoft Corporation**
Preis: **kostenlos**
Android-Version: **ab 7.0**

Spätestens seit Windows 10 hat fast jeder Windows-Nutzer ein Microsoft-Konto. Microsoft liefert für Android eine eigene E-Mail-App, mit der Sie Zugriff auf die E-Mails und den Kalender von *Outlook.com* haben. Die Outlook-App unterstützt den Posteingang mit Relevanz bei Microsoft-Konten, was andere E-Mail-Apps nicht kennen. In der App können Sie außer Ihrem Microsoft-Konto auch Google-Konten und E-Mail-Konten anderer bekannter Anbieter einrichten. Einige Smartphone-Hersteller, unter anderem Samsung, installieren die Outlook-App automatisch auf den Geräten vor. Der Outlook-Kalender wird nicht mit dem Google-Kalender synchronisiert. Sie können aber Google-Kalender anderer Konten in der Outlook-App mit anzeigen lassen.

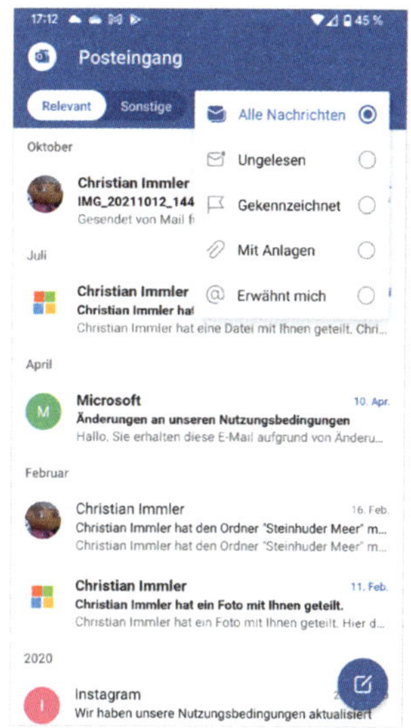

E-Mail nicht nur aus Microsoft-Konten in Outlook

myMail

Hersteller: **My.com**
Preis: **kostenlos**
Android-Version: **ab 5.0**

myMail ist ein E-Mail-Dienst, der speziell für Smartphones optimiert ist. Man identifiziert sich über die Handynummer und einen Code, der per SMS zugeschickt wird. Dadurch entfällt das mühsame Anlegen eines Benutzerkontos mit Benutzername und Passwort. *myMail* bietet die Möglichkeit, neben dem Konto @my.com auch alle bisherigen Mailkonten bei bekannten E-Mail-Anbietern in die App zu integrieren. Unterstützt werden zurzeit Gmail, Microsoft (Outlook.com, Hotmail, Microsoft 365 ...), GMX, WEB.DE, T-Online, Arcor sowie die meisten IMAP- und POP3-Konten auf eigenen Domains.

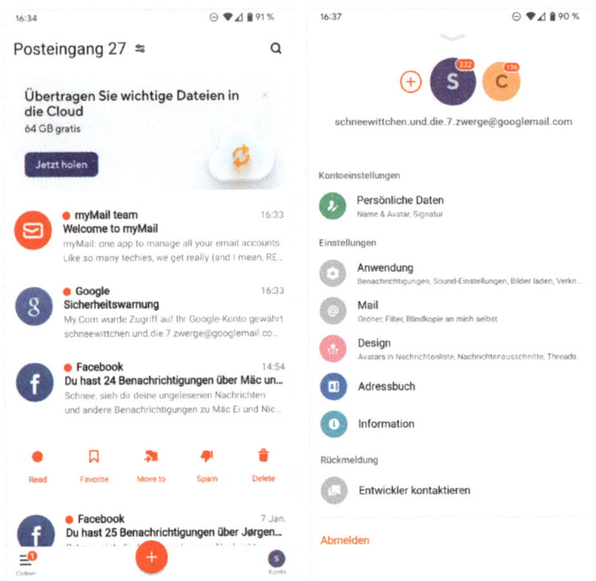

myMail überzeugt durch einfache Konfiguration und innovative Bedienung

K-9 Mail

Hersteller: **K-9 Dog Walkers**
Preis: **kostenlos**
Android-Version: **ab 5.0**

Die Open-Source-App *K-9 Mail* wurde mit dem Ziel entwickelt, Probleme der ehemaligen Standard-Mail-App von Android zu lösen. Die App unterstützt Push-Mail, Yahoo Mail, Exchange mit WebDAV sowie das Speichern von Anhängen. *K-9 Mail* kann die Benachrichtigungs-LED für jedes Mailkonto in einer anderen Farbe leuchten lassen, sodass sich verpasste E-Mails leicht unterscheiden lassen.

Die Apps der Freemailer

Viele der großen Freemail-Anbieter liefern eigene Apps für Android, um E-Mails zu lesen und zu schreiben. Diese Apps sind speziell auf den jeweiligen Anbieter zugeschnitten und bieten oft auch Zusatzfunktionen.

		1&1 – Die E-Mail-App für 1&1-Postfächer, auch bei Mailkonten auf eigenen Domains, die über 1&1 laufen.
		AOL – Die AOL-App zeigt nicht nur die E-Mails dieses Anbieters, sondern auch Nachrichten, Wetter sowie die beliebten Videoclips des AOL-Portals.
		Freenet – Freenet-Kunden können Inklusiv-SMS direkt aus der Mail-App schreiben.
		GMX – Anhänge können direkt im persönlichen Onlinespeicher abgelegt werden, sodass sie auf dem PC zur Verfügung stehen und auch für Freunde freigegeben werden können.

		mail.de – Zusätzlich zu E-Mails können auch echte Postkarten aus der App versendet werden.
		Telekom Mail – Mail-App nicht nur für T-Online-Konten, sondern auch für andere Anbieter. Kontakte aus dem Telekom-Adressbuch werden übernommen.
		Web.de – Bietet Zugriff auf die Ordner *Unbekannt* und *Spam*, Mails lassen sich als Spam markieren.
		Yahoo! – Yahoo Mail verwendet intelligente Ordner und eine leistungsstarke E-Mail-Suche, was ohne die eigene Yahoo-Mail-App nicht nutzbar ist.
		ProtonMail – Ein E-Mail-Anbieter mit speziellen Verschlüsselungsfunktionen für besonders sicheren E-Mail-Verkehr.

Unterwegs bloggen

WordPress

Hersteller: **Automattic, Inc**
Preis: **kostenlos**
Android-Version: **ab 7.0**

WordPress bietet zwar seit einiger Zeit eine für Smartphones optimierte Darstellung des Backends, sodass theoretisch keine externe App mehr nötig ist, um von unterwegs Beiträge zu schreiben, Kommentare zu beantworten oder auch die Statistik des eigenen Blogs zu beobachten. Die App bietet jedoch deutlich mehr Komfort, besonders beim Hochladen von Fotos. Man kann direkt aus der App fotografieren oder Fotos aus der Galerie und Kamera über das *Teilen*-Symbol bloggen.

Tumblr

Hersteller: **Tumblr, Inc.**
Preis: **kostenlos**
Android-Version: **ab 6.0**

Auf kaum einem Blogsystem ist es so einfach, sich ein eigenes Blog anzulegen, wie bei Tumblr. Diese Plattform vereint persönliche Blogs mit den Funktionen sozialer Netzwerke. Aus der App heraus können Sie bloggen sowie persönliche Nachrichten lesen und versenden. Tumblr bietet ein Widget an, um schnell einen Text, einen Link oder ein Foto auf Tumblr zu posten, ohne erst die App starten zu müssen.

Die Tumblr-App in Aktion

3. Soziale Netzwerke und Chat

Die Kommunikation über soziale Netzwerke ist für die meisten Anwender inzwischen wichtiger als die klassische E-Mail oder SMS.

Besonders auf Smartphones oder Tablets, die im Gegensatz zu PCs immer mehr in der Freizeit genutzt werden, spielen soziale Netze eine große Rolle.

Beliebte soziale Netzwerke auf dem Smartphone

Facebook

Hersteller: **Meta Platforms, Inc.**
Preis: **kostenlos**
Android-Version: **k. A.**

Die Facebook-App zeigt Neuigkeiten, Freunde, Fotos, Benachrichtigungen und das eigene Facebook-Profil an. Natürlich kann man auch Beiträge kommentieren oder selbst Statusmitteilungen veröffentlichen. Das Menü wird in der App über das Menüsymbol rechts oben eingeblendet. Alle wichtigen Funktionen innerhalb der Neuigkeiten sind wie auf der Facebook-Webseite automatisch mit einem Link hinterlegt. So brauchen Sie nur auf den Namen einer Person zu klicken und kommen sofort auf deren Pinnwand, um Nachrichten zu schreiben oder Infos und Fotos dieses Freundes zu sehen. Über das Eingabefeld *Was machst du gerade?* können Sie jederzeit eine persönliche Meldung eintippen und direkt absenden. Um schnell ein Foto hochzuladen, tippen Sie in der Meldung auf das Fotosymbol. Hier haben Sie die übliche Auswahl unter den auf dem Smartphone gespeicherten Bildern.

Mit dem Standortsymbol in der Statusmeldung können Sie an einem bestimmten Ort »einchecken« und damit Ihren Freunden bekanntgeben, wo Sie sich gerade befinden. Facebook sucht hier nach bekannten Orten in der unmittelbaren Umgebung – Gastronomie, Läden, Bahnhöfe, Schulen, öffentliche Einrichtungen – und bietet eine entsprechende Liste zur Auswahl an. Dabei wird die Positionsbestimmung des Smartphones über GPS, WLAN oder Mobilfunkzellen genutzt. Um diese Funktion nutzen zu können, müssen Sie der Facebook-App beim ersten Mal über die eingeblendete Meldung Standortzugriff gewähren.

Achtung Datenverbrauch

In der aktuellen Version der Facebook-App lässt sich das automatische Abspielen von (Werbe-)Videos, das zu einem enormen Datenverbrauch im Mobilfunknetz führen kann, in den Einstellungen der App unter *Medien und Kontakte/AutoPlay* wieder ausschalten. Standardmäßig spielt Facebook seit einiger Zeit Videos sogar automatisch mit Ton ab. Schalten Sie dies in den Einstellungen aus, um nicht beim Blättern durch Werbelärm belästigt zu werden. Diese Einstellungen werden leider bei Updates oft wieder zurückgesetzt. Weiterhin sollten Sie in den Benachrichtigungseinstellungen alle weniger wichtigen Meldungen ausschalten, da das Smartphone sonst bei jeder Kleinigkeit auf Facebook klingelt und blinkt und Sie wichtige von unwichtigen Meldungen nicht mehr unterscheiden können.

Twitter

Hersteller: Twitter, Inc.
Preis: kostenlos
Android-Version: k. A.

Mit der Twitter-App kann man von unterwegs twittern, Direktnachrichten, Fotos, Videos und Links an Freunde oder auch an alle schicken. Die Twitter-App bietet deutlich mehr Funktionen als die mobile Webseite von Twitter.

Im Suchfeld können Sie nach beliebigen Begriffen suchen. Beginnen Sie die Eingabe mit dem #-Zeichen, um nach sogenannten Hashtags, Stichwörtern, unter denen aktuelle Trends zusammengefasst werden, zu suchen, oder suchen Sie mit dem @-Symbol nach Personen. Seit einiger Zeit zeigt Twitter ausgewählte Tweets auf der Startseite und nicht mehr automatisch die neusten. Tippen Sie auf der Startseite auf das Symbol rechts oben, um wieder die neusten Tweets der Personen zu sehen, denen Sie folgen. In der Twitter-App können Sie auch Listen, Trends und Erwähnungen sehen. Im eigenen Profil können Sie sich die letzten eigenen Tweets sowie die Follower, also die Personen, die Ihre Tweets lesen, anzeigen lassen. Weiterhin kann man in der Twitter-Anwendung den Twitter-eigenen Foto-Upload-Dienst nutzen. Man kann Listen und Trends sehen, Tweets, Themen und Hashtags suchen sowie Tweets von Personen in der eigenen näheren Umgebung finden. Mit dem Briefsymbol senden Sie private Nachrichten an einzelne Twitter-Nutzer, die nicht öffentlich zu sehen sind.

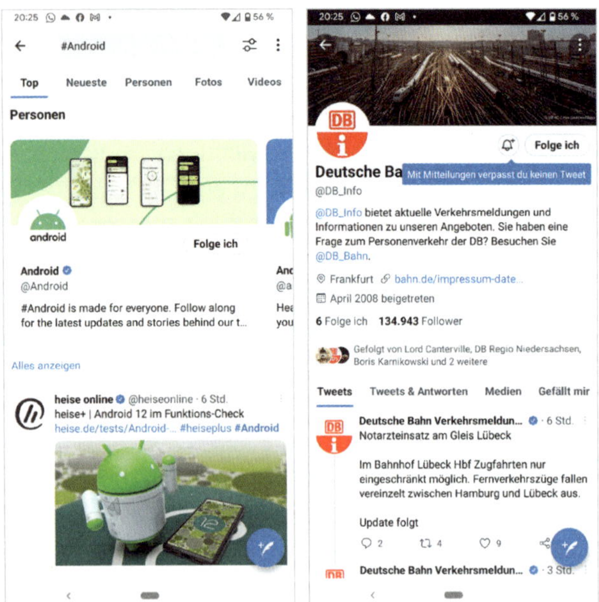

Die Twitter-App für Android

GETTR

Hersteller: **GETTR USA, Inc.**
Preis: **kostenlos**
Android-Version: **ab 5.0**

Der Kurznachrichtendienst GETTR startete erst im Sommer 2021 als eines der jüngsten sozialen Netzwerke. Funktionen und Struktur ähneln Twitter, weshalb einige Medien schon von einem Twitter-Klon sprechen. Allerdings setzt GETTR als Antwort auf die jüngsten Zensuraffären bei Twitter auf Meinungsfreiheit und Unabhängigkeit, was dem Netzwerk in kürzester Zeit stark steigende Nutzerzahlen brachte. Bei GETTR lassen sich Nachrichten mit bis zu 777 Zeichen und sechs Fotos oder drei Minuten Video pro Nachricht veröffentlichen.

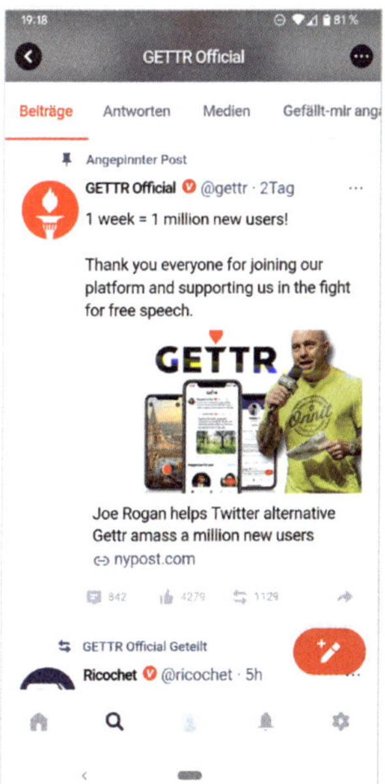

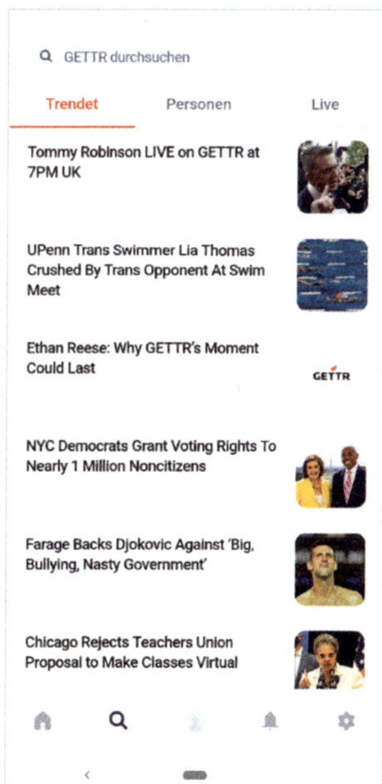

Der noch relativ junge Kurznachrichtendienst GETTR

Pinterest

Hersteller: **Pinterest**
Preis: **kostenlos**
Android-Version: **k. A.**

Pinterest ist ein soziales Netzwerk, bei dem man zeigt, was einem im Internet gefällt. Anhand der von Freunden gepinnten Fotos und Grafiken kann man sich weiter inspirieren lassen und so manche interessante Webseite entdecken.

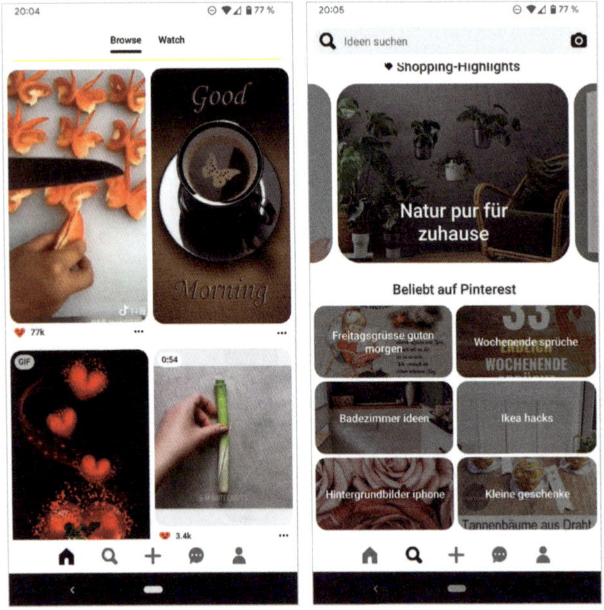

Freunden interessante Dinge im Internet zeigen

Chatten mit dem Smartphone

WhatsApp

Hersteller: **WhatsApp Inc.**
Preis: **kostenlos**
Android-Version: **ab 4.1**

Der weltweit beliebteste Messenger WhatsApp ist auf dem besten Weg, die SMS zu ersetzen, und überzeugt durch sein Konzept sowie die einfache Installation und Nutzung. WhatsApp ist das Vorbild für diverse ähnliche Messenger-Systeme. WhatsApp kommt auf über 65 Milliarden Nachrichten pro Tag, was etwa 750.000 pro Sekunde entspricht. In Deutschland nutzten im Jahr 2021 knapp 80 % aller Menschen zwischen 16 und 64 Jahren WhatsApp. Im Jahr 2019 waren es 76 %. Gerade bei Kindern und Jugendlichen ist WhatsApp auf nahezu 100 % aller Smartphones, was die Netzbetreiber als deutlichen Rückgang der SMS-Zahlen zu spüren bekommen.

Chatten per WhatsApp

WhatsApp nutzt die Internetverbindung des Handys und nicht den SMS-Dienst. So fallen keine SMS-Kosten an. Die Nutzung ist im Rahmen einer Internetflatrate kostenlos, außerdem kann WLAN zum Versand und Empfang der Nachrichten verwendet werden, was bei SMS nicht möglich ist. Seit einiger Zeit kann man mit WhatsApp auch per VoIP Videotelefonate führen, was wegen des sehr hohen Datenvolumens aber nur im WLAN sinnvoll ist.

Über das Büroklammersymbol unten rechts lassen sich auch Bilder, Dokumente, Videos und Internetlinks verschicken. Alternativ können Sie auch aus allen unterstützten Apps über das *Teilen*-Symbol Daten per WhatsApp versenden.

Die Fotos lassen sich vor dem Versand mit Filtern bearbeiten. Über die Symbolleiste oben beim Verschicken eines Fotos bauen Sie Texte oder Grafiken in die Fotos ein, um zum Beispiel auf bestimmte Details hinzuweisen.

Um sich leicht zu verabreden, kann WhatsApp den aktuellen Standort verschicken.

Der Empfänger bekommt einen Google-Maps-Link, in dem die Position des Absenders eingetragen ist. Damit dies wirklich zuverlässig funktioniert, muss natürlich GPS auf dem Smartphone eingeschaltet sein und die Standortdienste müssen aktiviert sein.

Facebook Messenger

Hersteller: **Meta Platforms, Inc.**
Preis: **kostenlos (In-App-Käufe)**
Android-Version: **k. A.**

Facebook bietet eine eigene Messenger-App an. Diese kann auch im Hintergrund laufen und den Benutzer bei eingehenden Chatnachrichten per LED oder Signalton benachrichtigen. Die klassische Facebook-App für Android bietet seit einiger Zeit keine Chatfunktion mehr an.

Beim Versuch, einen Chat zu starten, wird direkt auf den Facebook Messenger verwiesen. Nach der Installation kann der Facebook Messenger auch für SMS verwendet werden. Sie brauchen dann nicht mehr zwischen so vielen Apps zu wechseln und können auf die Standard-SMS-App verzichten.

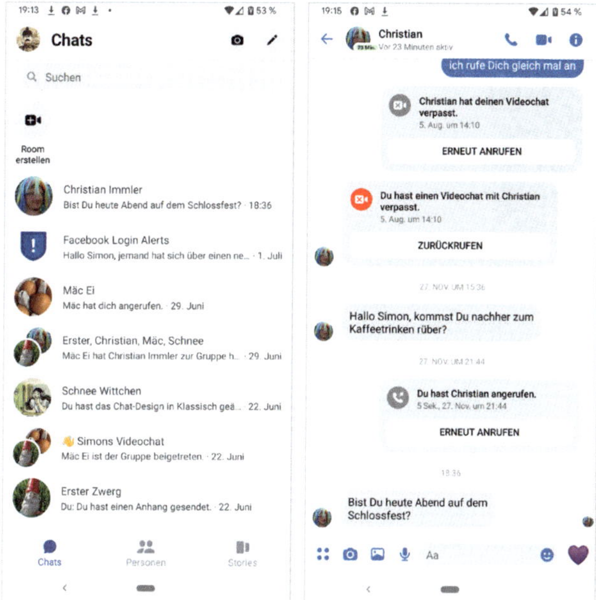

Chat im Facebook Messenger

Facebook Messenger Lite

Hersteller: **Meta Platforms, Inc.**

Preis: **kostenlos**

Android-Version: **ab 4.0**

Der Facebook Messenger ist für seinen hohen Ressourcenverbrauch berühmt-berüchtigt. Facebook liefert daher eine Lite-Version des Messengers, der auf animierte GIFs, Farbspiele und weitere Zusatzfunktionen verzichtet. Wer einfach nur kommunizieren will, ist damit besser beraten. Das Versenden von Textnachrichten, Links und Fotos funktioniert auch mit der Lite-Version. Diese verbraucht deutlich weniger Datenvolumen und Speicher auf dem Smartphone. Die App selbst ist nur etwa 10 MB groß – gegenüber 138 MB beim »großen« Messenger – und funktioniert auch bei schwachen Internetverbindungen.

Telegram

Hersteller: **Telegram FZ-LLC**
Preis: **kostenlos**
Android-Version: **ab 4.1**

Der beliebte Messenger WhatsApp war in den Medien wegen Datenschutzproblemen in Verruf geraten. Der Messenger Telegram bietet weitgehend die gleichen Funktionen, gilt aber als sehr sicher und auch zensurfrei. Anfangs war Telegram eher ein Spielzeug von Datenschutzfreaks, mittlerweile hat die App ein Viertel der Nutzerzahl von WhatsApp erreicht und dieses von Platz 1 der Download-Statistik in der Kategorie *Kommunikation* im Google Play Store verdrängt. Telegram bietet noch einige Möglichkeiten, die über einen einfachen Messenger hinausgehen und Telegram zu einem vielfältig nutzbaren sozialen Netzwerk machen. Ähnlich wie bei Facebook kann man persönliche Kanäle erstellen, auf denen man Texte, Bilder oder auch Videos veröffentlicht, die andere Nutzer sehen und auch kommentieren können. Außerdem lassen sich sehr große Dateien mit mehreren Hundert MB über Telegram versenden. Die Anmeldung bei Telegram erfolgt ähnlich wie bei WhatsApp über eine Identifizierung mit der Handynummer und einer SMS. Dabei lässt sich Telegram auf mehreren Geräten mit demselben Benutzerkonto verwenden.

Skype

Hersteller: **Skype**
Preis: **kostenlos (In-App-Käufe)**
Android-Version: **ab 4.1**

Vom Festnetz ins Ausland telefonieren ist teuer, vom Smartphone ist es noch teurer. Skype ist auf dem PC schon lange für kostenlose Telefonie im Internet bekannt. Skype funktioniert wie ein Messenger. Man registriert sich einmal mit seinem Namen auf der Skype-Webseite und kann dann alle Freunde, die ebenfalls Skype verwenden, in eine Kontaktliste eintragen und deren Onlinestatus anzeigen lassen.

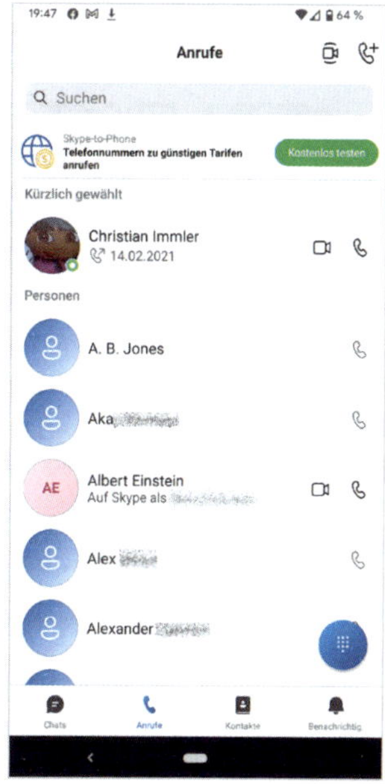

Chatten und Dateien versenden über Skype

Seit Skype von Microsoft übernommen wurde, kann man sich ganz einfach mit dem Microsoft-Konto anmelden, mit dem man bei Windows 10 oder 11 am PC angemeldet ist, und benötigt kein eigenes Benutzerkonto mehr.

Tippen Sie auf einen Namen in der Skype-Kontaktliste, können Sie mit der Person chatten. Mit dem Telefonsymbol oben rechts im Chat rufen Sie die Person an. Mit Skype können Sie nicht nur mit anderen Skype-Nutzern kostenlos telefonieren, sondern auch zu sehr günstigen Preisen in das normale Telefonnetz der meisten Länder der Welt anrufen.

Dazu kauft man ähnlich wie bei einer Prepaid-Karte online ein SkypeOut-Guthaben und wählt dann in der App die Telefonnummer. Skype listet die Gebühren für Gespräche in verschiedene Länder unter skype.com/de/international-calls/ auf. Skype verwendet nicht das Mobilfunk-Telefonnetz, sondern eine Internetverbindung. Die App funktioniert am besten über WLAN, aber auch über UMTS oder LTE. Hier braucht man allerdings eine umfangreiche Daten-Flatrate, da bei VoIP-Gesprächen erhebliches Datenvolumen anfallen kann. Manche Mobilfunkbetreiber schließen VoIP-Gespräche in ihrer Daten-Flatrate explizit aus.

Wie bei einem klassischen Messenger lassen sich auch Textnachrichten, Bilder und Dateien übertragen.

Google Duo

Hersteller: **Google LLC**
Preis: **kostenlos**
Android-Version: **ab 4.4**

Google Duo, eine App, mit der Videoanrufe mit einem Fingertipp möglich sind, ist auf vielen Smartphones vorinstalliert. Die übersichtliche Oberfläche zeigt häufig kontaktierte Personen, die durch einfaches Antippen angerufen werden können. Bei der ersten Anmeldung müssen Sie nur Ihre Telefonnummer bestätigen. Sie erhalten dann per SMS einen Code, der automatisch eingetragen wird, sodass Sie direkt loslegen können. Mit dem Symbol *Neuer Anruf* können Sie sofort einen Videoanruf starten. Die zuletzt kontaktierten Personen werden direkt auf dem Startbildschirm angezeigt. Die Kontaktliste in *Google Duo* zeigt alle Personen aus dem eigenen Adressbuch an. Sie können aber nur Personen anrufen, die ebenfalls *Google Duo* auf ihrem Smartphone haben. Bei allen anderen öffnet sich die SMS-App, um die Person per SMS zu *Google Duo* einzuladen. Wenn Sie in den *Einstellungen* die Option *Kuckuck* aktivieren, sieht die angerufene Person bereits eine Live-Vorschau Ihres Kamerabildes. Dies funktioniert allerdings nur, wenn beide Gesprächspartner sich gegenseitig in ihren Kontaktlisten haben.

Microsoft Teams

Hersteller: **Microsoft Corporation**
Preis: **kostenlos**
Android-Version: **ab 5.0**

Teams ist als Standard-App für Chat und Videokonferenzen in Windows 11 fest integriert. Mit der passenden Android-App können Sie auf dem Smartphone an Konferenzen teilnehmen und mit Freunden und Kollegen chatten. Zur Anmeldung wird das Microsoft-Konto genutzt, das Sie auch auf dem PC verwenden.

Discord

Hersteller: **Discord Inc.**
Preis: **kostenlos (In-App-Käufe)**
Android-Version: **ab 5.0**

Discord ist ein weiterer Messenger für Chat, Sprach- und Videokonferenzen, der besonders in der Gamer-Szene verwendet wird, in letzter Zeit aber auch insgesamt größere Beliebtheit erreicht hat. Hier können Sie eigene Chaträume zu beliebigen Themen erstellen, die öffentlich oder nur auf Einladung nutzbar sind. Größere Communitys können auch eigene Discord-Server betreiben. Discord ist in verschiedene Computerspiele integriert, kann auf dem PC im Browser oder einem eigenen Programm oder mit der Smartphone-App genutzt werden.

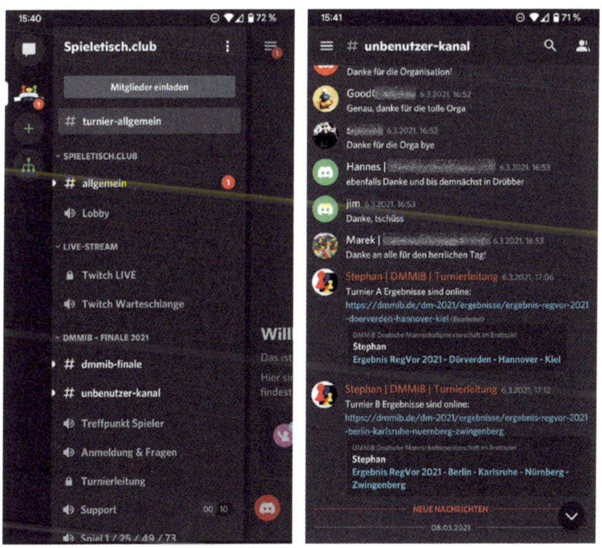

Discord-Chatgruppen in einem Onlinespiel

4. Notizen, Kalender, Wecker

Jedes Android-Smartphone hat einen Kalender und einen Wecker vorinstalliert. Alternative Apps bieten aber teilweise deutlich mehr Komfort und Zusatzfunktionen.

Notizen

Google Notizen

Hersteller: **Google LLC**
Preis: **kostenlos**
Android-Version: **k. A.**

Mit der App *Google Notizen* können Sie unterwegs schnell und einfach Notizen verfassen und auch auf Ihre zu Hause im Browser unter keep.google.com erstellten Notizen unterwegs zugreifen. Änderungen in der App werden automatisch in die in der Cloud gespeicherten Notizen übernommen und auf dem PC angezeigt.

Microsoft OneNote

Hersteller: **Microsoft Corporation**
Preis: **kostenlos**
Android-Version: **ab 6.0**

Microsofts Notizblock OneNote ist auch als kostenlose App für Android verfügbar. Zur Nutzung ist ein Microsoft-Konto erforderlich. Notizen, die auf dem PC mit der in Windows 10 vorinstallierten OneNote-App im Microsoft-Konto oder über onenote.com online abgelegt wurden, werden automatisch mit dem Smartphone synchronisiert und können dort auch bearbeitet werden. Auch die Kurznotizen aus der vorinstallierten Windows-App *Kurznotizen* erscheinen auf einer eigenen Seite in der OneNote-App.

Kalender und Aufgaben

Google Kalender

Hersteller: **Google LLC**

Preis: **kostenlos**

Android-Version: **k. A.**

Leider installieren einige Hersteller von Android-Smartphones eigene Kalender auf den Geräten vor, die oft gegenüber dem originalen Android-Kalender deutliche Funktionseinschränkungen haben und bei Google-Updates auch nicht aktualisiert werden. Google bietet den originalen *Google Kalender* über den Play Store zum Download an.

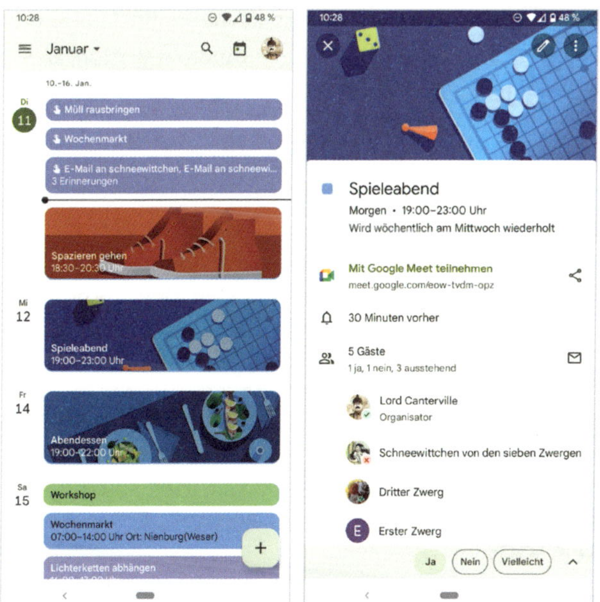

Die Google-Kalender-App

Google Tasks

Hersteller: **Google LLC**
Preis: **kostenlos**
Android-Version: **ab 6.0**

Die Aufgaben aus der PC-Version des *Google Kalender* werden in der neusten Version der Google-Kalender-App auf dem Smartphone angezeigt, aber in vielen von Geräteherstellern vorinstallierten Kalender-Apps nicht. Google bringt mit *Google Tasks* eine eigene Aufgabenverwaltung für Smartphones, die diese Aufgaben anzeigt und zudem die Möglichkeit bietet, neue Aufgaben oder ganze Aufgabenlisten zu erstellen und zu verwalten.

Todoist: To-Do List & Aufgaben

Hersteller: **Doist**
Preis: **kostenlos (In-App-Käufe)**
Android-Version: **ab 5.0**

Todoist ist eine komplexe Aufgabenverwaltung mit Synchronisation über mehrere Geräte und Groupware-Funktionen zum Teilen von Aufgaben. Aufgaben lassen sich in Listen organisieren sowie Prioritätsstufen und Fälligkeiten – auch wiederholte – festlegen. *Todoist* arbeitet mit zahlreichen anderen Onlinediensten wie Dropbox, IFTTT und Amazon Alexa zusammen.

Microsoft To-Do

Hersteller: **Microsoft Corporation**
Preis: **kostenlos**
Android-Version: **ab 6.0**

Microsoft liefert mit der App *To-Do* eine einfache und dennoch komfortable Lösung für Aufgabenlisten, Einkaufslisten und Ähnliches. Auf der Startseite *Mein Tag* können Sie sich die Aufgaben des aktuellen Tages übersichtlich anzeigen lassen und nach deren Erledigung abhaken.

Die Notizen werden mit der To-Do-App auf PCs mit Windows 10 oder Windows 11 synchronisiert.

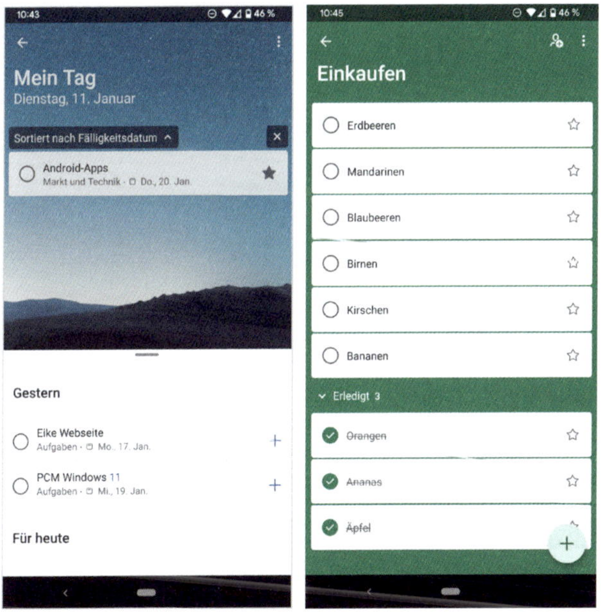

To-do-Liste auf dem Smartphone

CloudCal

Hersteller: **Pselis**

Preis: **kostenlos (In-App-Käufe)**

Android-Version: **ab 4.1**

Der Kalender *CloudCal* überzeugt durch seine innovative Darstellung mit Magic Circles, die Termine auf einen Blick wie auf dem Zifferblatt einer Uhr zeigen. So findet man schnell freie Zeiten und hat einen Überblick über den Tag. *CloudCal* synchronisiert automatisch mit dem Google Kalender wie auch Exchange und anderen.

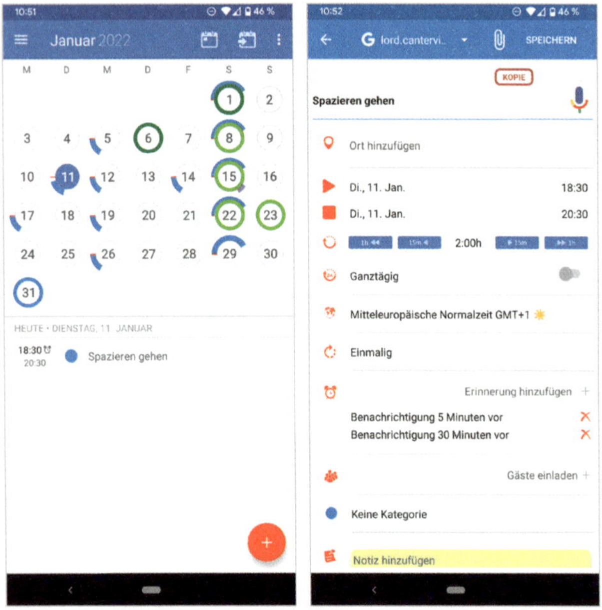

CloudCal stellt Termine grafisch übersichtlich dar

aCalendar

Hersteller: **Tapir Apps GmbH**
Preis: **kostenlos (In-App-Käufe)**
Android-Version: **ab 5.0**

aCalendar liefert nach, was dem Android-Kalender fehlt: übersichtliche Kalenderdarstellungen mit Widgets auf dem Startbildschirm, Termine kopieren, Anzeige von Kontaktfotos zu Terminen, NFC-Datenaustausch mit anderen Geräten, Anzeige von Mondphasen und vieles mehr.

aCalendar bietet intuitive Bedienung und interessante Zusatzfunktionen gegenüber dem Standardkalender

Kleiner Kalender

Hersteller: **YSV**
Preis: **kostenlos (In-App-Käufe)**
Android-Version: **ab 4.4**

Die App *Kleiner Kalender* zeigt jeden Tag besondere Gedenktage, Aktionstage, religiöse Feiertage, Nationalfeiertage, Mondphasen und weitere interessante Fakten zum Tag.

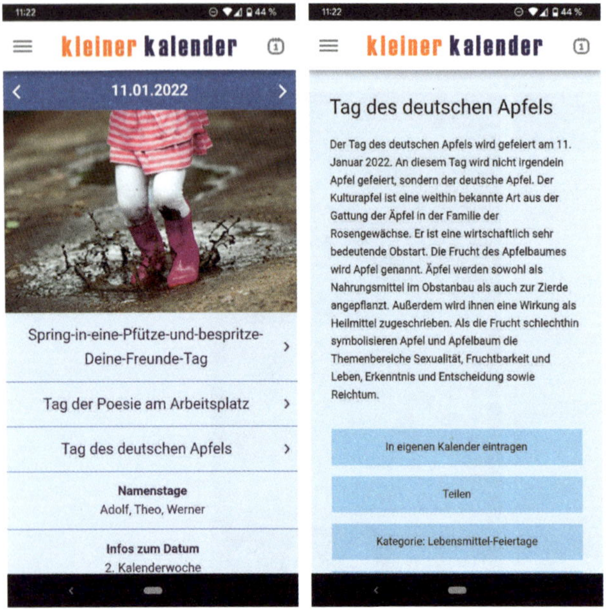

Interessante und unterhaltsame Fakten zu jedem Tag

Uhren, Wecker und Zeitplanung

Wecker für mich

Hersteller: **Apalon Apps**
Preis: **kostenlos (In-App-Käufe)**
Android-Version: **ab 6.0**

Wecker für mich weckt mit der Lieblingsmusik und bietet einen Schlaf-Timer, um auch mit Lieblingsmusik einzuschlafen. Am Morgen kann ein Voralarm sanft aufwecken.

Auf Wunsch lässt sich der Wecker nur durch kräftiges Schütteln abstellen, um wirklich wach zu werden.

Die Nachtuhr zeigt bei abgeschwächter Beleuchtung die aktuelle Zeit. Morgens beim Wecken wird auch noch das Wetter angezeigt.

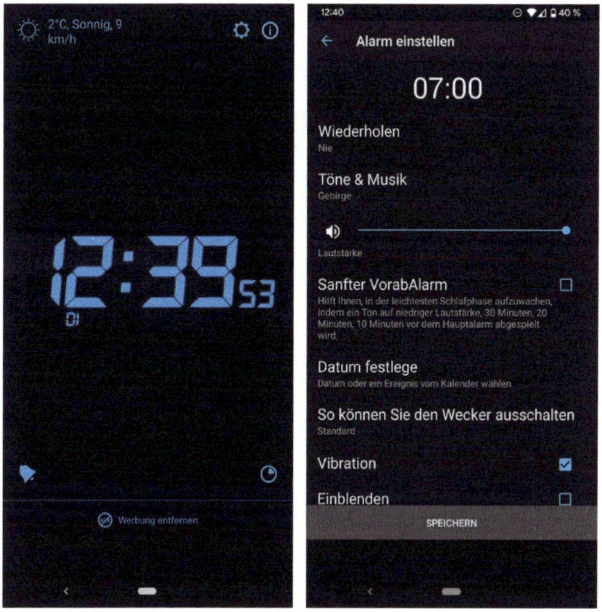

Komfortabler Wecker mit Wetter und Musik

Sonnenuhr

Hersteller: **Henning Benecke**
Preis: **kostenlos (In-App-Käufe)**
Android-Version: **ab 4.1**

Die *Sonnenuhr* zeigt neben der aktuellen Zeit auf einer 12- oder 24-Stunden-Analoguhr auch Sonnenauf- und -untergang, Mond, verschiedene Dämmerungsstufen, Mittag und die blaue Stunde an. Das Design kann vielfältig personalisiert werden. Zusätzlich sind historische oder religiöse Zeitsysteme möglich. Ein eingebauter Kompass zeigt die Nordrichtung und die Richtung zur Sonne.

Sonnenuhr mit vielfältigen Einstellungen

Sunrise Alarm

Hersteller: **Dieu Chung Truong**
Preis: **kostenlos**
Android-Version: **ab 6.0**

Schon der Name dieser App sagt klar, worum es sich handelt: einen einfachen Wecker, der mit Lichteffekten den Sonnenaufgang simuliert und so besonders sanft weckt.

Vor allem, wer mitten in der Nacht aufstehen muss, profitiert vom Lichtwecker, der Energie für den Tag liefert, statt grob aus dem Schlaf zu reißen. Die Dauer und die langsame Erhöhung der Lautstärke lassen sich einstellen.

Zeiterfassung

Hersteller: **DynamicG**
Preis: **kostenlos (In-App-Käufe)**
Android-Version: **ab 5.0**

Wer an mehreren Projekten arbeitet und diese nach Zeit abrechnet, braucht eine einfache Lösung, Zeiten sofort zu erfassen, nicht erst am Ende des Tages.

Mit der App *Zeiterfassung* kann man einfach zwischen Projekten wechseln und Zeiten erfassen.

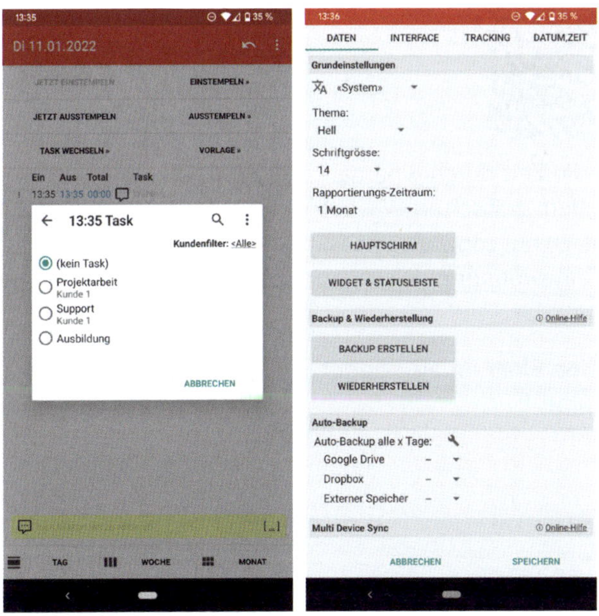

Projektbasierte Zeiterfassung

Final Countdown

Hersteller: **Akrio Mobile**
Preis: **kostenlos (In-App-Käufe)**
Android-Version: **ab 4.0**

Der persönliche Countdown zählt Tage, Stunden, Minuten und Sekunden zu einem bestimmten Termin, Geburtstag, Weihnachten usw. Termine lassen sich aus dem Kalender importieren.

Binary Clock Widget

Hersteller: **udcdev**
Preis: **kostenlos**
Android-Version: **ab 4.1**

Binäruhren zeigen die Zeit durch Binärdarstellung einzelner Ziffern grafisch an. Was auf den ersten Blick einfach nur cool aussieht, ist nach einer kurzen Eingewöhnungszeit sogar leicht ablesbar.

Diese App bringt eine Binäruhr als Widget auf den Startbildschirm.

Binäruhr als Widget

5. Sprachassistenten und Smarthome

Die neuen Sprachassistenten tauchen in immer mehr Situationen in unserem Alltagsleben auf und erleichtern diverse alltägliche Aufgaben durch Sprachsteuerung oder suchen per Spracheingabe im Internet nach bestimmten Informationen. Die bekanntesten Namen sind Alexa und Google Assistant, der auf allen aktuellen Android-Smartphones vorinstalliert ist.

Google Assistant

Hersteller: **Google LLC**
Preis: **kostenlos**
Android-Version: **ab 5.0**

Der digitale Assistent Google Assistant, der per Spracheingabe „OK Google" oder langes Antippen der Home-Taste zahlreiche Aufgaben erledigen oder

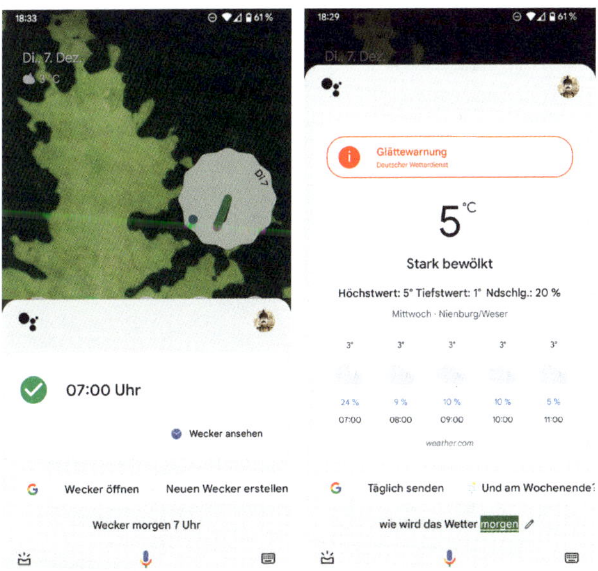

Der Google Assistant beantwortet einfache Fragen und zeigt das Wetter

auch Informationen im Internet suchen kann, ist auf den meisten Smartphones mit den aktuellen Android-Versionen 10 bis 12 vorinstalliert. Bei Bedarf lässt er sich aber auch aus dem Google Play Store nachinstallieren.

Amazon Alexa

Hersteller: **Amazon Mobile LLC**
Preis: **kostenlos**
Android-Version: **ab 6.0**

Die digitale Sprachassistentin Alexa von Amazon beantwortet auf Zuruf Fragen des Alltags, liefert Wettervorhersagen, dient als Wecker und Kalender, spielt Musik nach persönlichem Geschmack ab und hilft natürlich bei der Bestellung von Produkten bei Amazon. Die Fähigkeiten von Alexa lassen sich über eine Vielzahl sogenannter Skills erweitern. Auf diese Weise

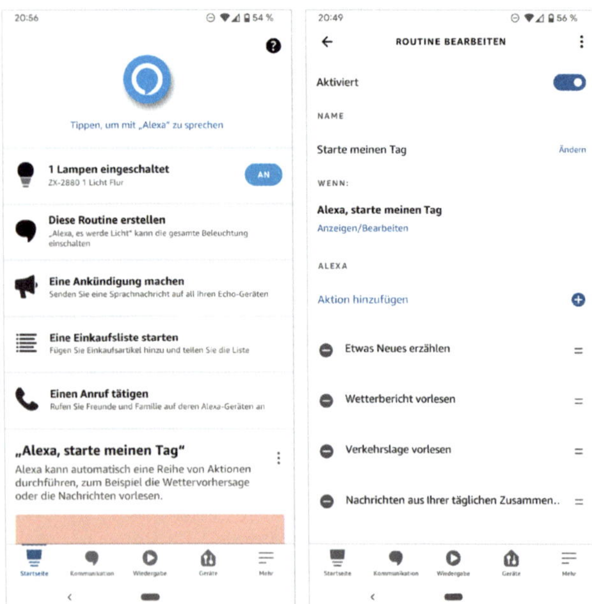

Die Alexa-App auf dem Smartphone

können auch Angebote anderer Anbieter über Alexa gesteuert werden, unter anderem Smarthome-Technik. Die App bietet die Möglichkeit, Routinen anzulegen, die auf ein bestimmtes Sprachkommando hin mehrere Aktionen automatisch ausführen. So können Sie sich morgens den Wetterbericht und Ihre Termine für den Tag vorlesen lassen oder abends alle Lampen ausschalten und die Heizung herunterdrehen lassen.

Google Home

Hersteller: **Google LLC**
Preis: **kostenlos**
Android-Version: **ab 6.0**

Die Google-Home-App konfiguriert Smarthome-Geräte und Google-Nest-Hub-Lautsprecher, die keine eigene Benutzeroberfläche haben. Diese App kann auch direkt zur Anmeldung und Steuerung von Smarthome-Geräten genutzt werden. Um Smarthome-Geräte mit dem Google Assistant zu steuern, benötigen Sie eine sogenannte Aktion des Herstellers, vergleichbar mit den Skills für Alexa.

Elesion

Hersteller: **Pearl GmbH**
Preis: **kostenlos**
Android-Version: **ab 4.4**

Das Smarthome-System Elesion bietet eine zentrale Oberfläche zur Steuerung von Smarthome-Geräten verschiedener Hersteller. In der Elesion-App verwalten Sie alle kompatiblen Smarthome-Geräte im Haus. Elesion bietet die Möglichkeit, sogenannte Smarts zu programmieren, automatische Abläufe, die über Tageszeit, Sonnenstand oder Wetter ausgelöst werden, auch wenn das Smartphone nicht im eigenen WLAN angemeldet ist.

Elesion liefert eine Aktion für Google Home sowie einen Alexa-Skill, um die Geräte auch über diese Sprachassistenten zu steuern. Andere Apps ähnlicher Systeme funktionieren vergleichbar.

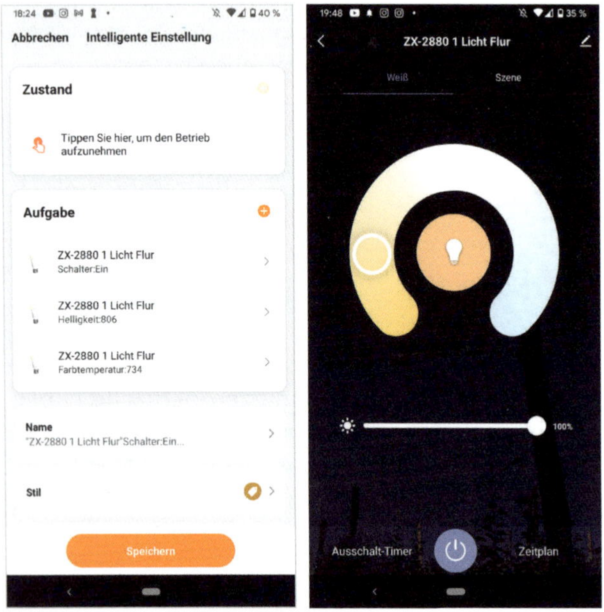

Elesion bietet vielfältige Steuerungsfunktionen für unterschiedliche Geräte

FRITZ!App Smart Home

Hersteller: **AVM GmbH**
Preis: **kostenlos**
Android-Version: **ab 7.0**

Die Router der FRITZ!Box-Serie von AVM sind im privaten Bereich die beliebtesten aller providerunabhängigen Router für DSL- und Kabelanschlüsse. Die FRITZ!Boxen bieten komfortable Möglichkeiten zur Steuerung von Smarthome-Geräten über das eigene Netzwerk.

Die hauseigenen Geräte von AVM aus der FRITZ!DECT-Serie wie Schalter, Schaltsteckdosen, LED-Lampen oder Heizungsregler werden über das DECT-Protokoll wie schnurlose Telefone mit der FRITZ!Box gekoppelt und nicht wie bei vielen anderen Systemen über WLAN.

Auf einer intuitiv bedienbaren Oberfläche erscheinen alle an der FRITZ!-Box angemeldeten Smarthome-Geräte mit ihren jeweiligen Schaltzuständen. Hier können Sie Lichter und Steckdosen einschalten sowie die Farbe und Helligkeit von Lampen, die Heizung regeln und auch die Temperatur ablesen. Zur Verwendung dieser App müssen Sie sich mit einem gültigen Benutzernamen im WLAN an der FRITZ!Box anmelden.

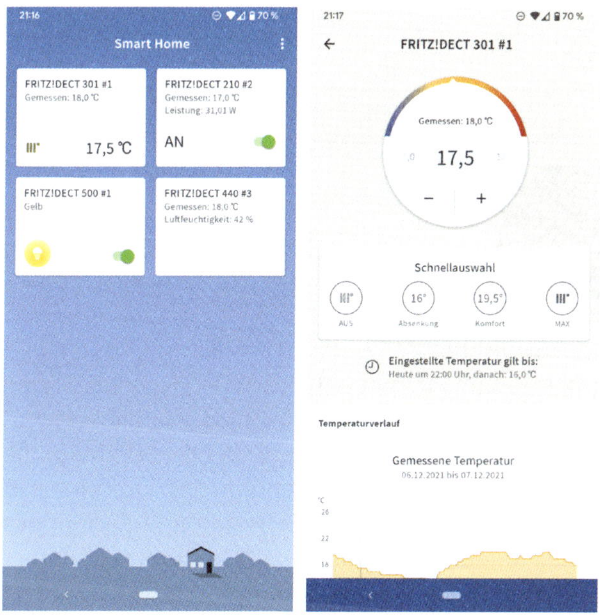

Smarthome-Steuerung über die FRITZ!Box

6. Reisen

Wer unterwegs ist, braucht eine Landkarte oder einen Stadtplan des Urlaubsortes. Landkarten auf dem Smartphone haben gegenüber ihren auf Papier gedruckten großformatigen Vorgängern einige Vorteile. Sie können deutlich aktueller sein als Pläne auf Papier, die auch in Urlaubsregionen höchstens einmal im Jahr erneuert werden, und der eigene Standort lässt sich per GPS direkt auf der Karte anzeigen. Dazu kommt eine präzise Suchfunktion, die selbst kleine Orte oder einzelne Straßen in Sekundenschnelle findet.

Landkarten

Google Maps

Hersteller: **Google LLC**
Preis: **kostenlos**
Android-Version: **k. A.**

Google Maps hat sich zur wichtigsten Quelle für Landkarten, Routen und geografische Informationen im Internet entwickelt und ist auf fast allen Android-Smartphones vorinstalliert. Genauso einfach, wie die Suchmaschine Google irgendetwas im Internet findet, findet Google Maps die genaue Position in der realen Welt. Maps findet über das Suchfeld nicht nur Orte, sondern auch Straßennamen, Läden, Hotels und Restaurants mit Öffnungszeiten, Telefonnummern und Weblinks. Dabei wird immer zuerst in der unmittelbaren Umgebung gesucht.

Neben interaktiv verschiebbaren und zoombaren Karten lassen sich auch die bekannten Satellitenbilder von Google unterwegs verwenden. Mit zwei Fingern dreht man die Ansicht, die normalerweise nach Norden ausgerichtet ist.

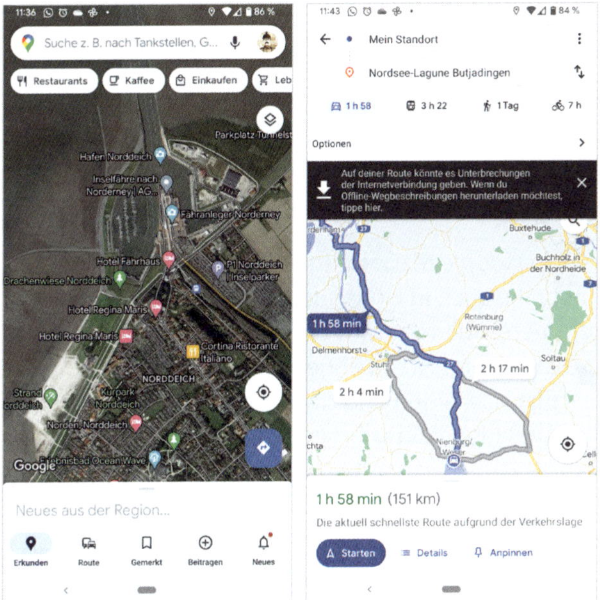

Karten, Luftbilder und Wegbeschreibung in Google Maps

Durch einfaches Antippen lässt sich der aktuelle Standort an Freunde verschicken, um sich leicht zu verabreden. Autofahrer speichern so den Parkplatz ihres Autos, um dieses später wiederzufinden.

Routenplanung mit Google Maps

Google Maps enthält einen vollwertigen Routenplaner. Hier kann man wahlweise optimale Strecken für Autofahrer, Radfahrer oder Fußgänger errechnen lassen. Dabei wird neben der Entfernung auch die voraussichtliche Zeit für den Weg ermittelt. Die Routenplanung für öffentliche Verkehrsmittel funktioniert inzwischen in Deutschland ebenfalls sehr zuverlässig. Google Maps greift dabei auf Echtzeitdaten der Deutschen Bahn und anderer Verkehrsbetriebe zu.

Google Street View

Hersteller: **Google LLC**
Preis: **kostenlos**
Android-Version: **k. A.**

Google Street View ist in Google Maps integriert und wird zusätzlich als eigene App angeboten, die auch in Gegenden, für die Google noch keine Street-View-Panoramen anbietet, Fotos und Panoramabilder von Nutzern zeigt. In Europa sind die meisten Länder fast flächendeckend fotografiert. Nur in Deutschland, Bosnien und Herzegowina, Moldawien und Weißrussland gibt es nur Bilder einiger Großstädte.

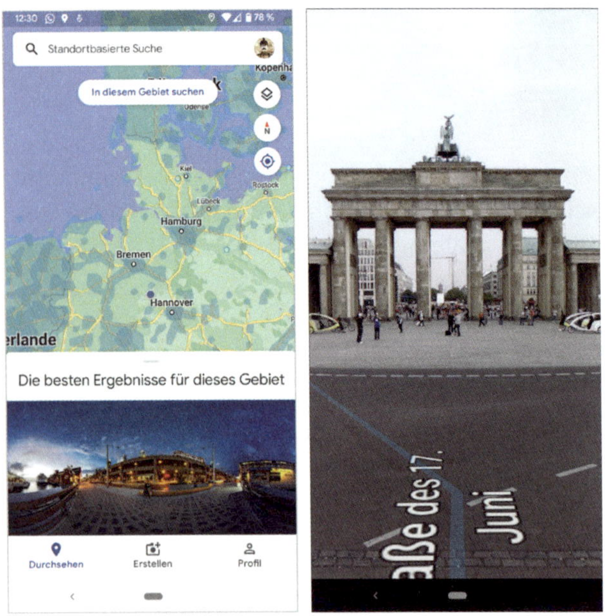

Die Street-View-App: Die Karte links zeigt, dass in Deutschland erst sehr wenige Street-View-Aufnahmen vorliegen

Zoomen Sie weit genug in die Karte, bis ein gelbes Männchen auftaucht. Positionieren Sie dieses auf einer der blau markierten Straßen, um mit der interaktiven Street-View-Ansicht zu beginnen. Mit den Pfeilen können Sie »die Straße entlanggehen«. Die runden Punkte bezeichnen Standorte, an denen 360°-Aufnahmen von Nutzern verfügbar sind.

Google Earth

Hersteller: **Google LLC**
Preis: **kostenlos**
Android-Version: **ab 5.0**

Auf einem Google-Vorzeigeprodukt wie Android darf natürlich der faszinierende interaktive Weltatlas Google Earth nicht fehlen. Mit einem Fingerstrich kann man um die ganze Welt reisen und über die Suchfunktion Orte, Plätze und sogar ausgewählte Geschäfte und Hotels finden. Da Google Earth erwartungsgemäß sehr hohe Anforderungen an die

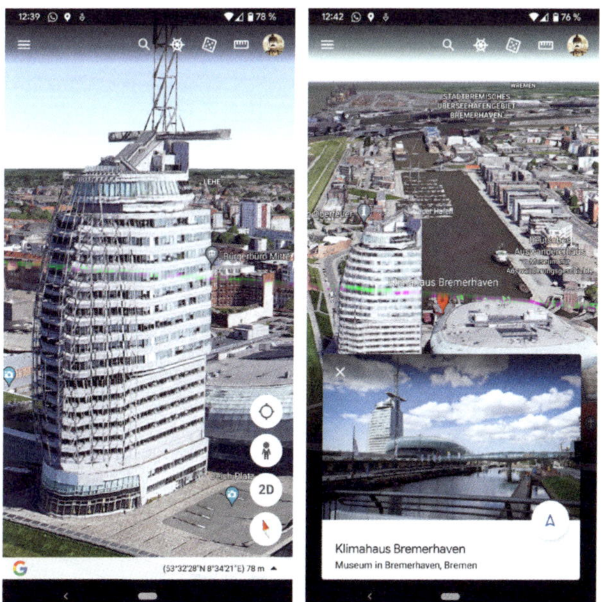

Google Earth auf dem Smartphone

Hardware stellt, läuft die App auf einfacheren Smartphones leider nicht. Die dreidimensionalen Gebäudemodelle sind nur auf High-End-Smartphones mit 3D-Grafikprozessor zu sehen.

Google Earth verwendet eine komfortable Multitouch-Navigation über Fingergesten mit einem oder zwei Fingern:

- Streichen Sie mit einem Finger über den Bildschirm, um den Globus zu drehen.
- Durch das Auseinander- und Zusammenziehen von zwei Fingern und gleichzeitiges Drehen können Sie die Karte heranzoomen bzw. wieder herauszoomen und Ihren Blickpunkt ändern.
- Ziehen Sie zwei Finger über den Bildschirm, um die Ansicht zu neigen.
- Durch Doppeltippen mit einem Finger wird die Karte herangezoomt.
- Durch Doppeltippen mit zwei Fingern können Sie herauszoomen.

OsmAnd

Hersteller: **OsmAnd**
Preis: **kostenlos (In-App-Käufe)**
Android-Version: **ab 6.0**

Die Navigations-App *OsmAnd* navigiert auf der Basis von OpenStreetMap-Kartenmaterial, das wesentlich mehr Informationen als Google Maps enthält und offline auf dem Smartphone gespeichert werden kann. Die Berechnung der eigentlichen Route erfolgt online, wofür aber nur geringes Datenvolumen erforderlich ist, da kein Kartenmaterial übertragen wird. Bei der Planung der Route kann *OsmAnd* zwischen Auto-, Fahrrad- und Fußgängerrouten wählen.

OsmAnd bietet Möglichkeiten, persönliche Punkte auf der Karte zu markieren, interaktiv Entfernungen zu messen sowie auch eigene Bewegungsrouten aufzuzeichnen, um sie später auszuwerten.

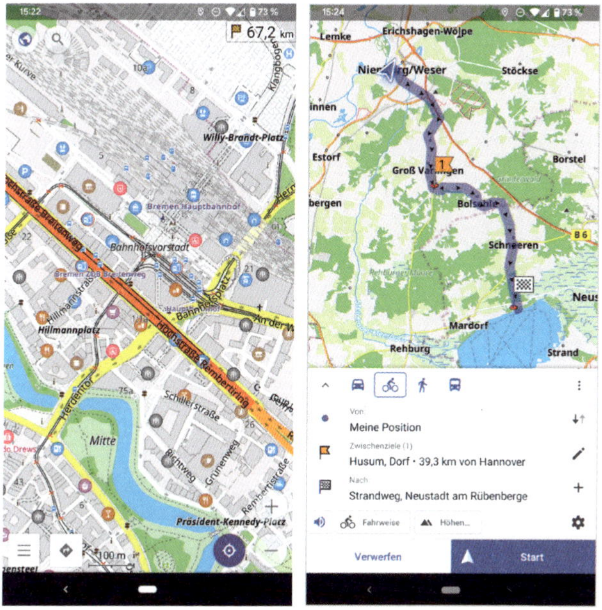

Navigation für Fußgänger, Radfahrer und Autofahrer auf OpenStreetMap-Basis

StreetComplete

Hersteller: **westnordost**
Preis: **kostenlos**
Android-Version: **ab 5.0**

Jeder, der irgendwo in einer Stadt unterwegs ist, kann zu OpenStreetMap beitragen, ohne sich mit den genauen Bezeichnungen der Datenstrukturen auskennen zu müssen. *StreetComplete* stellt einfache Fragen am aktuellen Standort, wenn bei OpenStreetMap noch Lücken sind. Meist wird nach Hausnummern, Eigenschaften von Straßen oder Öffnungszeiten von Läden gefragt.

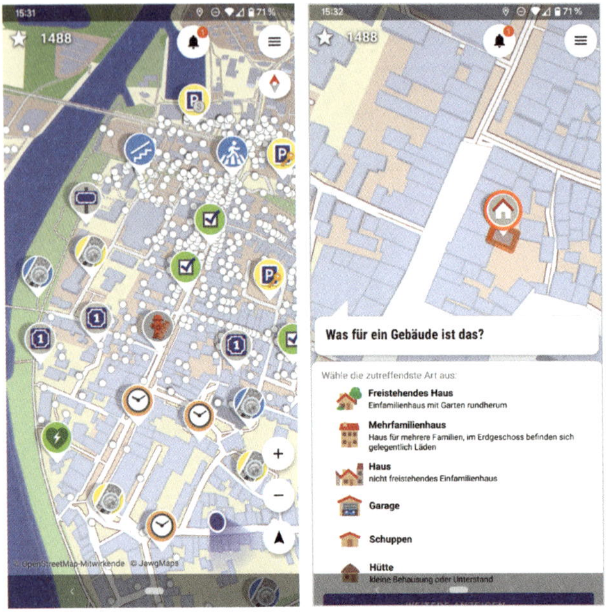

Unterwegs zu OpenStreetMap beitragen

Fahrpläne für Bahn und Bus

DB Navigator

Hersteller: **Deutsche Bahn**

Preis: **kostenlos**

Android-Version: **ab 6.0**

Ein aktueller Fahrplan ist für jeden, der unterwegs ist, unverzichtbar. Der *DB Navigator*, die App der Deutschen Bahn, bietet eine Online-Fahrplanauskunft mit Echtzeitdaten zur aktuellen Verkehrslage. Hier erfährt man schnell, ob ein Zug pünktlich ist und Anschlüsse passen. Anhand der eigenen Position kann die nächste Haltestelle in der Umgebung gefunden werden.

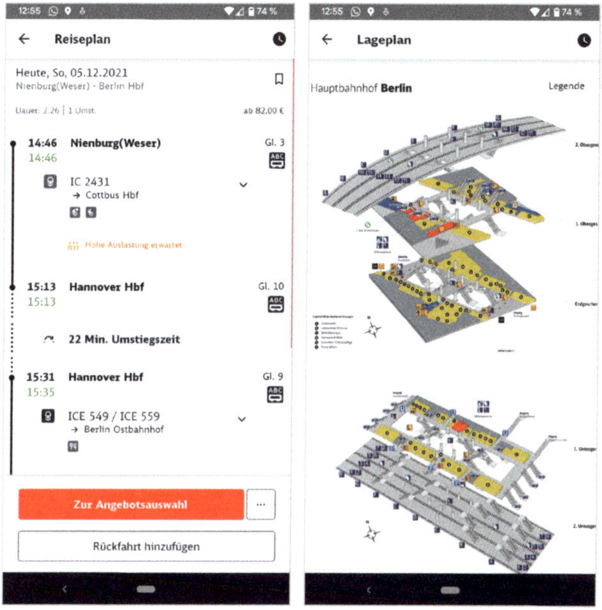

Fahrplandetails und Lageplan eines Bahnhofs im DB Navigator

Zugriff auf Kalender und Kontakte gewähren

Beim ersten Start sollten Sie der App Zugriff auf Kontakte und Kalender gewähren. Dann können geplante Fahrten direkt als Termin in den Kalender eingetragen werden, und Sie können Adressen aus dem Adressbuch als Ziel einer Reise angeben, ohne die nächste Haltestelle kennen zu müssen.

Melden Sie sich außerdem mit Ihrem DB-Kundenkonto bei der App an, dann brauchen Sie Ihre Onlinetickets nicht mehr unbedingt auszudrucken, sondern können sie direkt auf dem Smartphone speichern oder auch aus der App heraus Fahrkarten kaufen. Bei einer Kontrolle im Zug brauchen Sie nur noch den QR-Code auf dem Smartphone-Display vorzuzeigen.

DB Streckenagent

Hersteller: **Deutsche Bahn**
Preis: **kostenlos**
Android-Version: **ab 6.0**

Der *DB Streckenagent* informiert jederzeit über aktuelle Verspätungen und Störungen bei der Bahn auf persönlich ausgewählten Strecken. Pendler können sich Alarme einrichten, die bestimmte Verbindungen regelmäßig überprüfen und bei Unregelmäßigkeiten warnen.

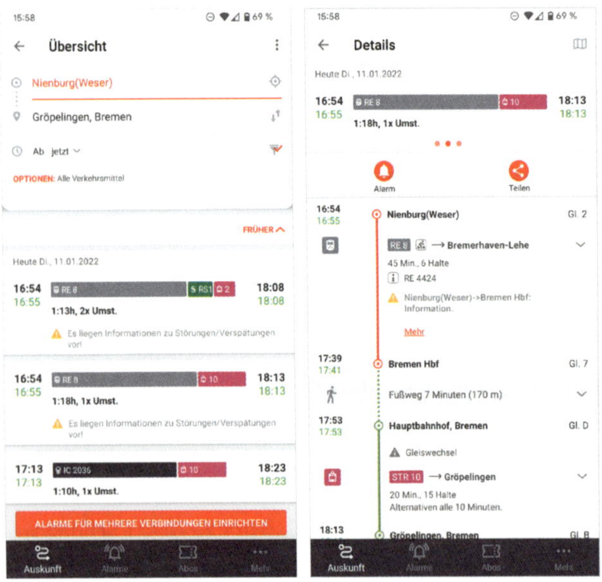

Der DB Streckenagent informiert über Unregelmäßigkeiten bei der Deutschen Bahn

Apps der Verkehrsverbünde

Auf der Basis des *DB Navigator* bieten verschiedene Verkehrsverbünde in Deutschland ähnliche Apps an, die alle regionalen Verkehrsmittel und teilweise noch besondere Zusatzfunktionen enthalten.

S-Bahn Berlin

Verkehrsverbund Berlin-Brandenburg

Verkehrsverbund Bremen/Niedersachsen

Hamburger Verkehrsverbund

München Navigator

Ticket NRW

Verkehrsverbund Rhein-Neckar (VRN)

Öffi

Hersteller: **Andreas Schildbach**

Preis: **kostenlos**

Android-Version: **ab 4.0**

Öffi ist ein Routenplaner für Verkehrsnetze in zahlreichen deutschen Großstädten. Die App zeigt die Streckennetze der U- und S-Bahnen in den Ballungsräumen an und findet per Suchfunktion oder GPS jede Haltestelle in der Umgebung.

Die notwendigen Daten werden online aus den aktuellen Datenbanken der jeweiligen Verkehrsverbünde übernommen. Die interessanteste Funktion ist das Routing zwischen zwei beliebigen Haltestellen. Die App findet die kürzeste Verbindung oder die, bei der man am wenigsten umsteigen muss, und zeigt diese auf dem Stadtplan an.

In einer Zeitbalkenansicht sieht man alle Fahrmöglichkeiten in nächster Zeit sehr übersichtlich dargestellt. Bei Verspätungen werden in Echtzeit aktuelle Abfahrtszeiten angezeigt. Dazu liefert *Öffi* zoombare Liniennetzpläne von zahlreichen Verkehrsverbünden in Deutschland und auch aus anderen europäischen Ländern.

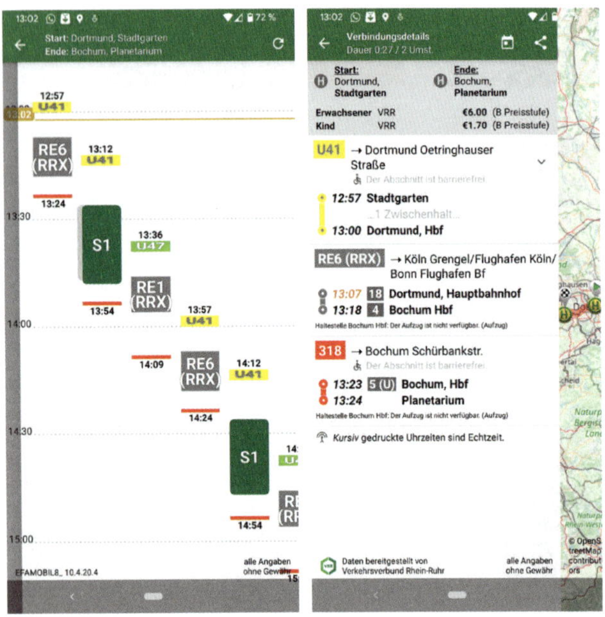

Öffi bietet viel mehr als die offiziellen Apps der U- und S-Bahnen in Deutschland

Apps für Flugreisende

Skyscanner

Hersteller: **Skyscanner Ltd**
Preis: **kostenlos**
Android-Version: **ab 7.0**

Einen günstigen Flug zu finden, ist wesentlich komplizierter als eine Bahnverbindung, da bei Flügen diverse Anbieter miteinander konkurrieren. Verschiedene Internetportale haben sich auf die Flugsuche und Buchung spezialisiert. Skyscanner, eine bekannte derartige Webseite, bietet eine eigene Android-App an, mit der man komfortabel preisgünstige Flüge findet.

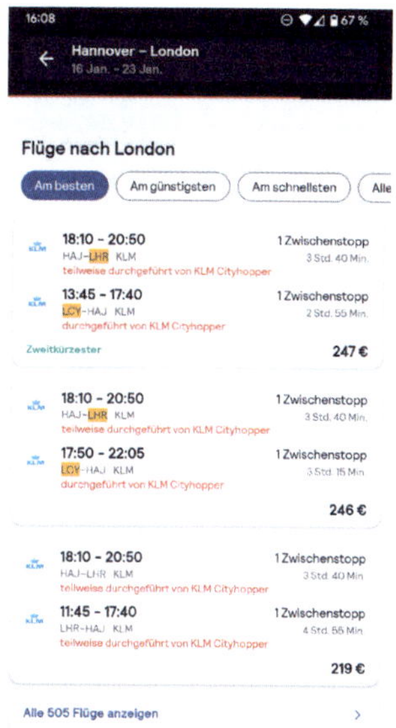

Skyscanner sucht preisgünstige Flüge auf dem Smartphone

Nachdem man Start- und Zielort sowie die gewünschten Flugtage angegeben hat, sucht die App *Skyscanner* Flüge und zeigt diese nach Preisen sortiert an. Zu jedem Flug findet man neben dem Preis auch die Flugnummer und genaue Zeiten, auch bei Umsteigeverbindungen. Natürlich kann man auch direkt aus der App heraus die Flüge buchen. Dazu verlinkt *Skyscanner* auf die jeweiligen Buchungsseiten der Fluggesellschaften und Reiseanbieter.

Der Kalender liefert auf einen Blick die Preisentwicklung für die nächsten Tage. Diese Übersicht ist etwas versteckt bei der Datumsauswahl zu finden und nicht aus den Suchergebnissen erreichbar.

Apps wichtiger Fluglinien

Lufthansa

Condor

easyJet

Eurowings

Ryanair

Apps für Autofahrer

Android Auto

Hersteller: **Google LLC**
Preis: **kostenlos**
Android-Version: **ab 5.0**

Android Auto projiziert die Navigation von Google Maps auf einen im Auto eingebauten Bildschirm. Dieser muss zu *Android Auto* kompatibel sein. Die Verbindung wird über Bluetooth hergestellt. Neben Google Maps können auch die Telefon-App und der Mediaplayer YouTube Music auf den

Autobildschirm projiziert werden. Da *Android Auto* sehr viel Strom verbraucht, sollte das Smartphone während der Fahrt über die Autosteckdose mit Strom versorgt werden.

Blitzer.de

Hersteller: **Eifrig Media GmbH**
Preis: **kostenlos (In-App-Käufe)**
Android-Version: **ab 6.0**

In der Community Blitzer.de erfassen über drei Millionen Autofahrer regelmäßig mobile Radarfallen im deutschsprachigen Raum. Diese Daten sowie über 60.000 fest installierte Geschwindigkeitskontrollen werden von der App lagerichtig anhand der eigenen GPS-Position angezeigt.

Kommt man in die Nähe eines Blitzers, kann eine optische oder akustische Warnung erscheinen. Die Datenbank wird alle fünf Minuten aktualisiert, um auch die neusten Blitzer zu melden.

Getaround Carsharing

Hersteller: **Getaround Europe**
Preis: **kostenlos**
Android-Version: **ab 6.0**

Nicht immer braucht man unbedingt ein eigenes Auto. Mit der App *Getaround – Carsharing* können Sie von einer Privatperson in Ihrer Nähe für einen festen Tagessatz das Auto mieten.

Die Getaround Community organisiert europaweit die Vermittlung von Autos von privat an privat. So kann man sich mit dem eigenen wenig genutzten Auto noch etwas hinzuverdienen, indem man es in der Zeit, in der man es nicht braucht, vermietet.

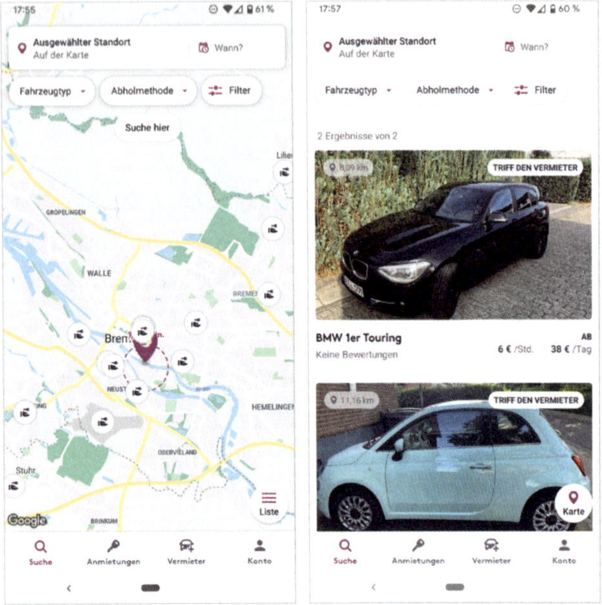

Privates Carsharing mit Getaround Carsharing

Telefonbücher

Das Telefonbuch

Hersteller: **DasTelefonbuch**
Preis: **kostenlos**
Android-Version: **ab 4.1**

Das Telefonbuch der Telekom war früher aus keinem Haushalt wegzudenken. Zu Zeiten der Wählscheibenfernsprecher hatte jeder einen solchen Wälzer am Telefon liegen, und der enthielt nur die Nummern der eigenen Stadt und näheren Umgebung. Heute hat man über die Telefonbuch-App

Zugriff auf sämtliche Telefonnummern aus ganz Deutschland – und das tagesaktuell und nicht nur einmal im Jahr erneuert. Eine gefundene Rufnummer kann man direkt anrufen, die Adresse auf einer Karte anzeigen lassen oder auch ins Adressbuch des Smartphones übernehmen. Außerdem ist eine Rückwärtssuche anhand einer Telefonnummer möglich, sodass man leicht feststellen kann, wer gerade angerufen hat.

Gelbe Seiten

Hersteller: **Gelbe Seiten Marketing Gesellschaft mbH**
Preis: **kostenlos**
Android-Version: **ab 5.0**

Suchte man früher mühsam nach dem nächstgelegenen Handwerker oder Arzt, startet man heute die App *Gelbe Seiten* auf dem Smartphone und gibt einen Suchbegriff ein oder klickt sich durch die diversen Kategorien.

Der eigene Standort kann mit einem Klick ermittelt und in die Suchanfrage übernommen werden.

Die Ergebnisse lassen sich als Liste oder auf einer Landkarte anzeigen und können auch direkt in das Adressbuch des Smartphones übernommen werden.

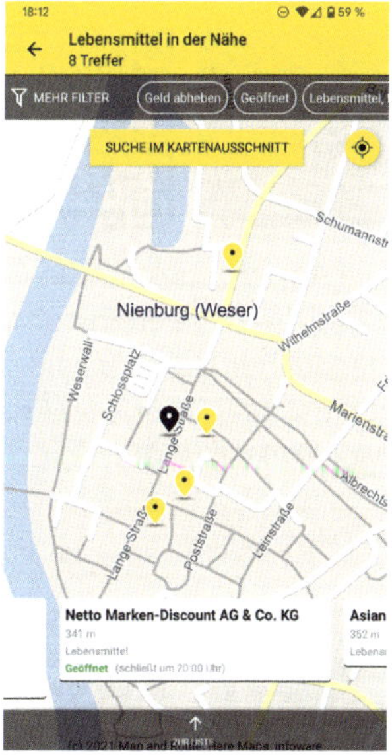

Branchensuche in den Gelben Seiten

Hotels, Gastronomie und Touristeninfos

Airbnb

Hersteller: **Airbnb**
Preis: **kostenlos**
Android-Version: **ab 7.0**

Airbnb zeigt Millionen Ferienwohnungen, größtenteils private, auf der ganzen Welt. Man kann nach verschiedenen Kriterien suchen und auch direkt buchen. Als Gastgeber findet man über Airbnb leicht Gäste und kann so mit der eigenen Wohnung Geld verdienen.

Booking.com

Hersteller: **Booking.com**
Preis: **kostenlos**
Android-Version: **ab 7.0**

Die App des bekannten Hotelbuchungsportals findet über 28 Millionen Hotelzimmer, Ferienwohnungen, Campingunterkünfte und mehr. Nach der Buchung gibt es sofort eine Buchungsbestätigung aufs Smartphone, mit der ein papierloser Check-in möglich ist. Viele Unterkünfte bieten die Möglichkeit, die Buchung bis kurz vor der Anreise kostenlos zu stornieren.

Tripadvisor

Hersteller: **Tripadvisor**
Preis: **kostenlos**
Android-Version: **ab 7.0**

Tripadvisor findet Hotels, Restaurants und Aktivitäten an jedem beliebigen Ort der Welt. Besonders hervorzuheben ist die riesige Sammlung an Gästebewertungen. Dem Anbieter zufolge sollen es über 500 Millionen sein, und täglich werden es mehr. Auch direkt aus der App heraus kann man seine Bewertung abgeben.

Foursquare

Hersteller: **Foursquare**
Preis: **kostenlos**
Android-Version: **k. A.**

Foursquare verbindet Empfehlungen und Tipps zu Gastronomie und Geschäften mit den Funktionen eines sozialen Netzwerks. Hier kann man an bestimmten Orten einchecken, Fotos veröffentlichen und Tipps geben und auf diese Weise auch Orte nach eigenem Geschmack in fremden Städten finden.

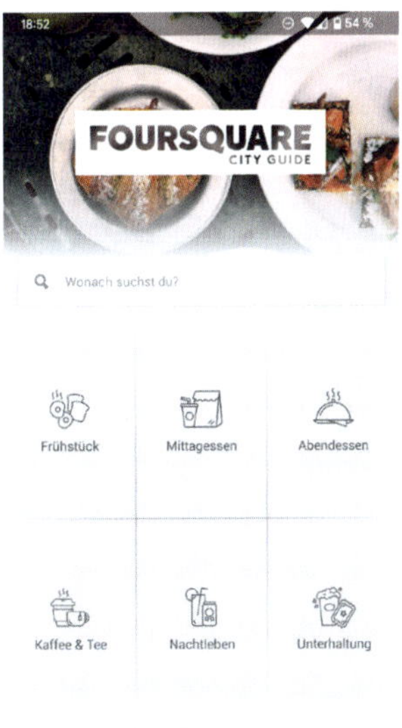

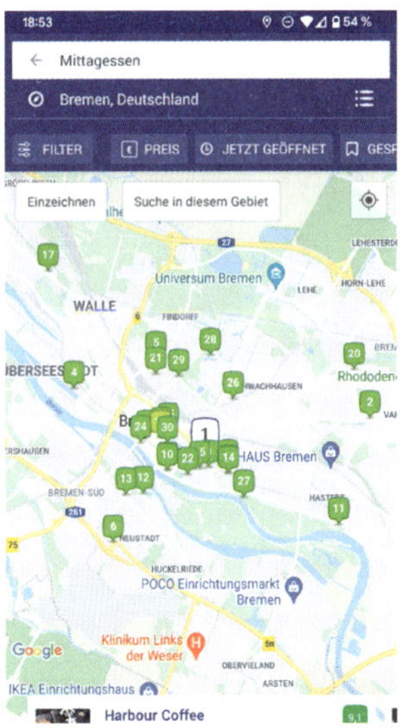

Foursquare findet Gastrotipps auf der ganzen Welt

Postkarten von unterwegs

MyPostcard

Hersteller: **MyPostcard**
Preis: **kostenlos (In-App-Käufe)**
Android-Version: **ab 5.0**

Touristenpostkarten werden immer teurer und sind oft auch einfach nur kitschig. In Zeiten von WhatsApp und Facebook wird eine klassische Urlaubskarte mit der Post aber zu etwas ganz Besonderem. Mit der App *MyPostcard* lassen sich eigene Urlaubsfotos vom Smartphone als echte Postkarte gestalten und mit der Post verschicken. Die App bietet zahlreiche Designvorlagen. Anschließend braucht man nur noch den Text zu schreiben und eine Adresse aus dem Adressbuch zu übernehmen. Für 2,69 € bei weltweitem Versand ist das oft günstiger, als Postkarte und Briefmarke zu kaufen.

Persönliche Postkarten mit MyPostcard verschicken

Urlaubsgruss

Hersteller: **Streuwerk**
Preis: **kostenlos (In-App-Käufe)**
Android-Version: **ab 4.1**

Die App *Urlaubsgruss* verschickt persönliche Postkarten aus dem Urlaub. Neukunden erhalten zum Ausprobieren eine Postkarte gratis.

Jede Postkarte kann mit der persönlichen Unterschrift versehen werden. Bei Nutzung auf einem Tablet kann man die Postkarte sogar komplett handschriftlich schreiben.

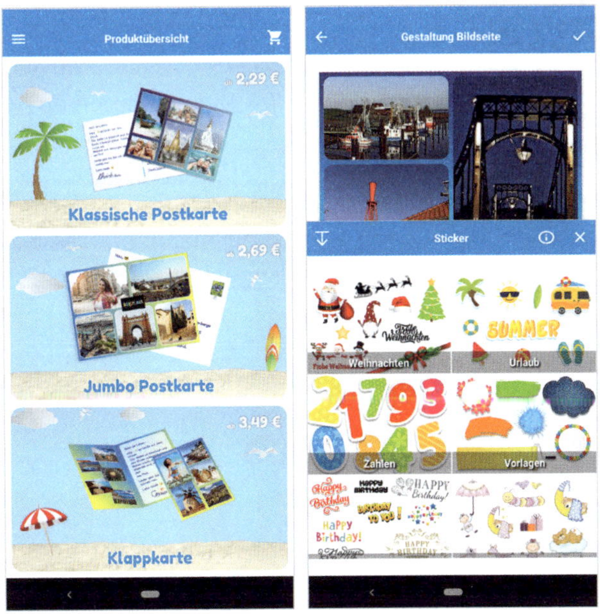

Urlaubsgruss bietet vielfältige Gestaltungsmöglichkeiten für persönliche Postkarten

7. Nachrichten und Wetter

Internetseiten mit Nachrichten und Wettervorhersagen gibt es wie Sand am Meer, und jeder hat darunter schon seine Lieblingsseite gefunden. Nur sind die meisten Seiten mit viel Multimedia-Aufwand und jeder Menge Werbung gestaltet, sodass es schwerfällt, die wirklichen Informationen zu finden, falls die Seiten auf dem kleinen Smartphone-Bildschirm überhaupt dargestellt werden.

Nachrichten

Google News

Hersteller: **Google LLC**
Preis: **kostenlos**
Android-Version: **ab 7.0**

Google News fasst Nachrichten aus verschiedenen Quellen zu einem persönlichen Feed zusammen. Dieser kann anhand eigener Interessen wie auch nach Lieblingsnachrichtenseiten zusammengestellt werden.

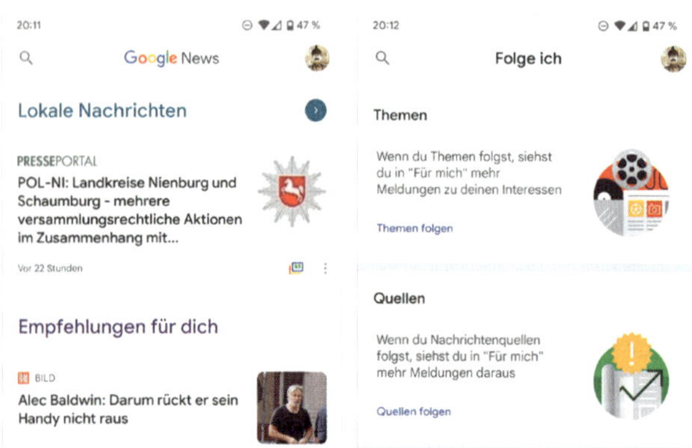

Persönlicher Nachrichtenfeed bei Google News

Tagesschau

Hersteller: **ARD Online**
Preis: **kostenlos**
Android-Version: **ab 5.0**

Die *Tagesschau* liefert in ihrer App ständig aktuellste Nachrichten zum Lesen und als Videostream. Dazu findet man Aktuelles und Interessantes aus In- und Ausland, Sport und Wetter für Deutschland und Europa.

Wer nur einen kurzen Überblick über das Allerwichtigste haben möchte, kann sich die *Tagesschau in 100 Sekunden* ansehen. Wer der heutigen Nachrichten überdrüssig ist, kann sich in der App auch die Tagesschau vom jeweiligen Tag genau vor 20 Jahren ansehen.

Stern

Hersteller: **G+J Medien GmbH**
Preis: **kostenlos**
Android-Version: **ab 5.0**

Der *Stern* liefert eine App für Android mit allen wichtigen Nachrichten und Fotos. Dazu spannende Reportagen, Hintergrundinformationen und Wissenstests. Der Stern überzeugt vor allem durch seine erstklassigen Fotos.

n-tv Nachrichten

Hersteller: **n-tv Nachrichtenfernsehen GmbH**
Preis: **kostenlos (In-App-Käufe)**
Android-Version: **ab 5.0**

Das mobile Angebot des Nachrichtensenders *n-tv* bringt auf einen Blick und in übersichtlicher Aufmachung aktuelle Nachrichten des Tages, Wetterbericht, Videos, Bilderserien zu aktuellen Themen, Börsenkurse, Sportnachrichten und vieles mehr.

Die App bietet die Möglichkeit, Eilmeldungen – hier als Breaking News bezeichnet – auf Wunsch direkt in der Benachrichtigungsleiste des Smartphones anzuzeigen. Um sie später offline zu lesen, können interessante Nachrichten auf dem Smartphone gespeichert werden.

Der Postillon

Hersteller: **Steckenpferd Enterprises UG**
Preis: **kostenlos**
Android-Version: **ab 4.4**

Viele Nachrichten der klassischen News-Apps will man gar nicht mehr lesen. *Der Postillon* bringt erfrischende Abwechslung. Deutschlands größte Satirezeitung der Welt, verfügbar ab sofort überall zwischen Bielefeld und der ISS.

NINA

Hersteller: **Bundesamt für Bevölkerungsschutz**
Preis: **kostenlos**
Android-Version: **ab 6.0**

NINA steht für **N**otfall-**I**nformations- und **N**achrichten-**A**pp und liefert amtliche Warnungen vor Naturkatastrophen, Hochwasser sowie Warnmeldungen des Bevölkerungsschutzes mit Handlungsempfehlungen. Zusätzlich können auch amtliche Wetterwarnungen des Deutschen Wetterdienstes angezeigt werden.

Wählen Sie in der App persönlich wichtige Orte, für die regionale Warnungen dargestellt werden sollen. Zusätzlich können auch Warnungen für den aktuellen Standort ausgegeben werden.

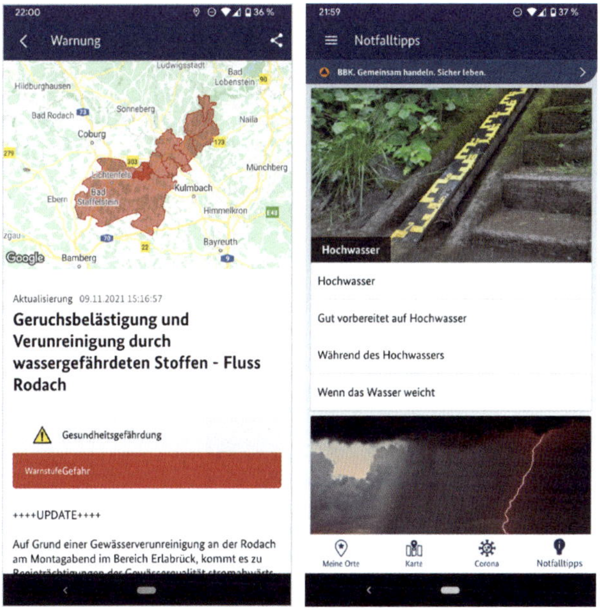

NINA zeigt Warnungen des Bundesamtes für Bevölkerungsschutz und Katastrophenhilfe

Wetter

wetter.com

Hersteller: **wetter.com GmbH**
Preis: **kostenlos (In-App-Käufe)**
Android-Version: **ab 5.0**

Die App des bekannten Onlinewetterdienstes wetter.com zeigt auf dem Smartphone eine Wettervorhersage für den aktuellen Standort oder einen beliebigen anderen Ort in Deutschland. Neben dem aktuellen Wetter gibt es eine Vorhersage für die nächsten sieben Tage, einen Wetterbericht in Textform, das Regenradar für ganz Europa sowie amtliche Wetterwarnungen.

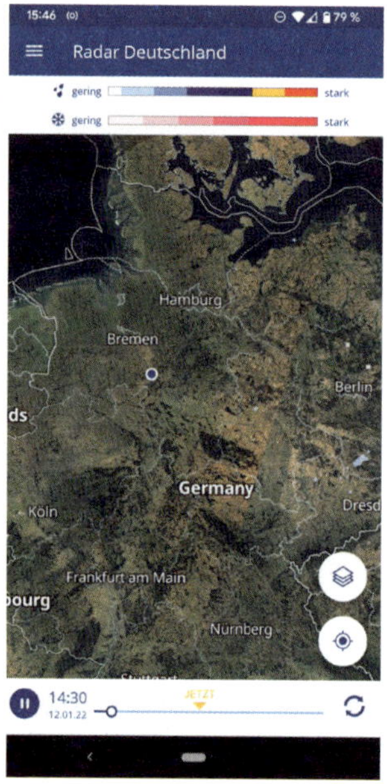

Die App von wetter.com auf dem Smartphone

WarnWetter

Hersteller: **Deutscher Wetterdienst**
Preis: **kostenlos (In-App-Käufe)**
Android-Version: **ab 7.0**

Die offizielle App des Deutschen Wetterdienstes liefert nicht nur Wetter- und Hochwasserwarnungen, sondern auch detaillierte Vorhersagen zu Wetter, Regen und Temperatur der kommenden Tage für ganz Deutschland. Warnungen können per Push-Meldung sofort auf dem Smartphone Alarm schlagen.

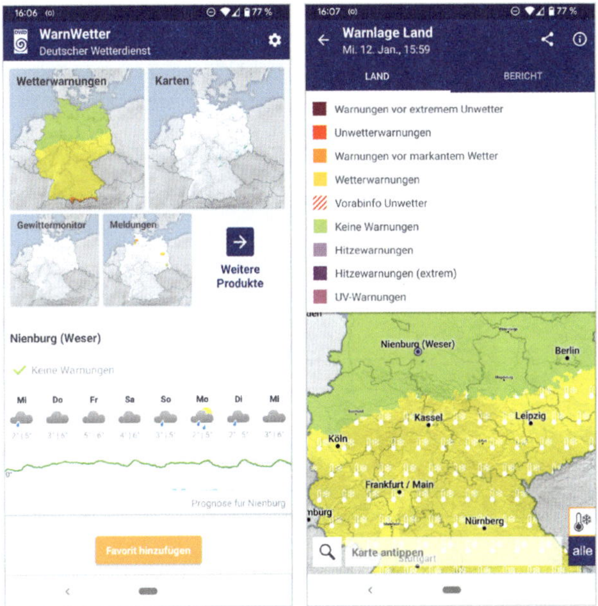

Die offizielle App für Wetterwarnungen des DWD

Windy

Hersteller: **Windyty SE**

Preis: **kostenlos (In-App-Käufe)**

Android-Version: **ab 7.0**

Windy zeigt im Vergleich zu anderen kostenlosen Wetter-Apps erstaunlich viele Informationen grafisch gut aufbereitet an. Der Schwerpunkt der App liegt – wie der Name schon sagt – auf der Windvorhersage für Flieger und Segler. Aber auch die anderen Wetterdaten überzeugen. Man sollte sich nur nicht durch das umfangreiche Menü der App abschrecken lassen.

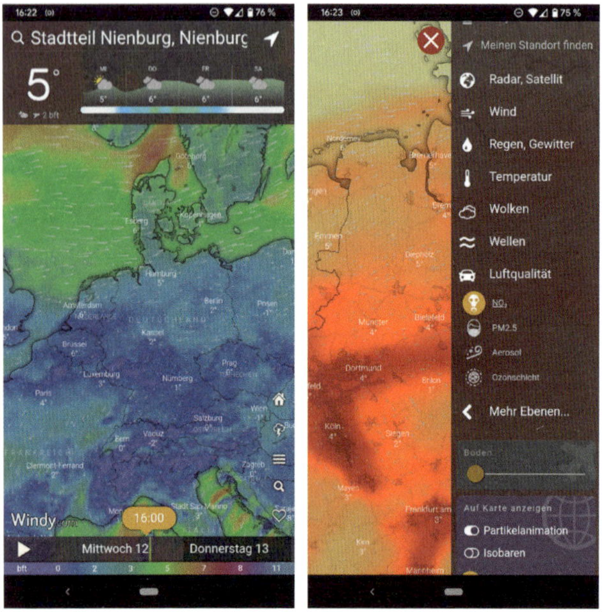

Windy liefert neben ausführlichen Wetterdaten auch Wellenhöhe, Luftqualität, Schadstoffbelastung und weitere Informationen

MSN Wetter

Hersteller: **Microsoft Corporation**
Preis: **kostenlos**
Android-Version: **ab 4.2**

Die aus Windows 10 und Windows 11 bekannte MSN-Wetter-App liefert auch auf Android-Smartphones ausführliche Wettervorhersagen für beliebige Orte mit Sonnenauf- und -untergangszeiten sowie animierten Wetterkarten.

Neu sind redaktionelle Nachrichten rund ums Wetter. Ein Widget zeigt das aktuelle Wetter für einen ausgewählten Ort.

Mein Blitz-Tracker

Hersteller: **jRustonApps B.V.**
Preis: **kostenlos (In-App-Käufe)**
Android-Version: **ab 4.4**

Diese App zeigt Blitzeinschläge auf der ganzen Welt in Echtzeit an und greift dazu auf ein Netzwerk zur Ortung elektromagnetischer Signale in der Atmosphäre mithilfe von VLF-Empfängern zu. *Mein Blitz-Tracker* zeigt auf einer Karte heranziehende Gewitter und warnt rechtzeitig vor Gewittern am aktuellen Standort.

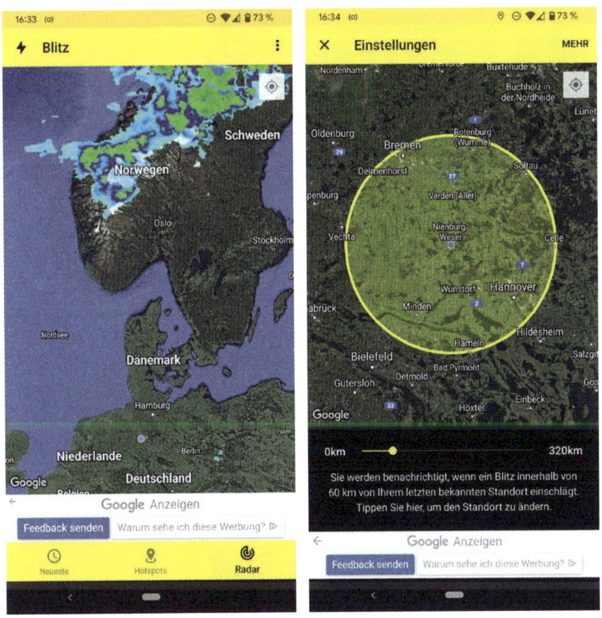

Mein Blitz-Tracker zeigt herannahende Gewitter

RegenRadar

Hersteller: **WetterOnline GmbH**
Preis: **kostenlos (In-App-Käufe)**
Android-Version: **ab 6.0**

RegenRadar liefert jederzeit Regenalarm-Meldungen für den aktuellen Standort oder einen gewählten Ort. Eine Landkarte zeigt an, ob es innerhalb der nächsten Zeit regnet und woher der Regen kommt. Zusätzlich enthält die App noch eine kurze Wettervorhersage für die nächsten Tage.

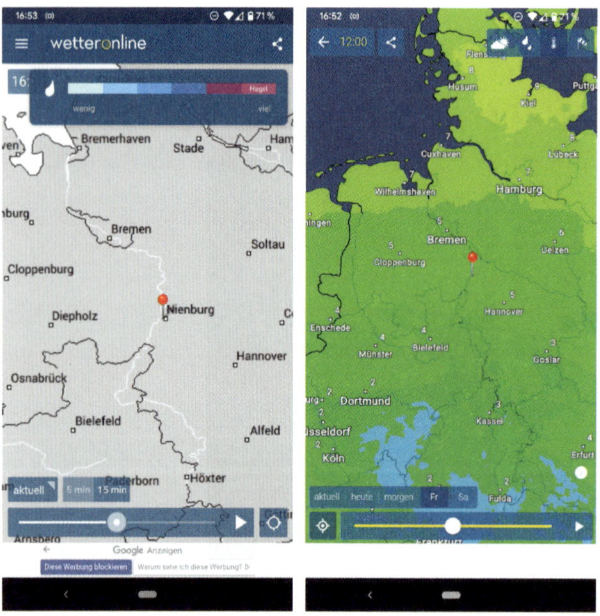

RegenRadar zeigt herannahende Regenwolken

8. Wissen und Information

Wer hat unterwegs ein Lexikon zur Hand? Jeder! Man braucht nur die richtigen Apps und bekommt alle Infos aus Wikipedia, World Factbook oder fremdsprachigen Wörterbüchern direkt aufs Smartphone.

Lexika

Wikipedia

Hersteller: **Wikimedia Foundation**
Preis: **kostenlos**
Android-Version: **ab 5.0**

Die offizielle App der Wikipedia bietet mehr als nur eine schnellere Suche und Darstellung der Wikipedia-Artikel auf dem Smartphone. In der App

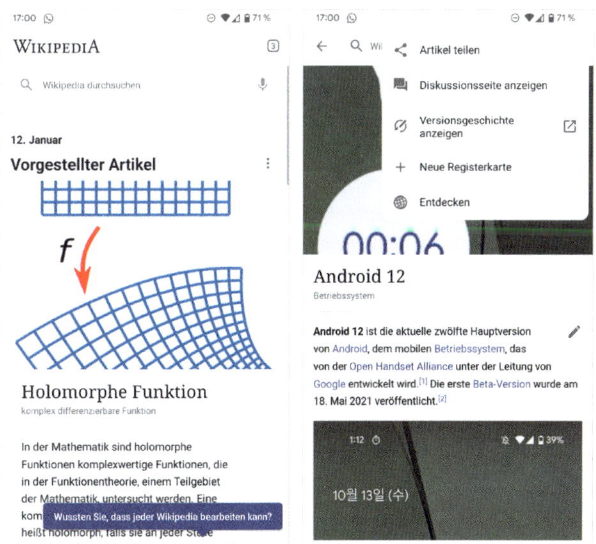

Die Wikipedia als App

lassen sich Leselisten mit persönlichen Lieblingsseiten zu verschiedenen Themen anlegen. Dabei können Artikel auch zum Offlinelesen gespeichert werden. Zudem gibt es eine Verlaufsanzeige der zuletzt gelesenen Wikipedia-Artikel. Auf einer Karte werden Wikipedia-Artikel zu Sehenswürdigkeiten in der direkten Umgebung angezeigt. Die Wikipedia-App lässt sich auf alle von Wikipedia unterstützten Sprachen umschalten. Die App bietet für Wikipedia-Autoren die Möglichkeit, sich anzumelden und direkt vom Smartphone aus Wikipedia-Artikel zu bearbeiten.

WolframAlpha

Hersteller: **Wolfram Group**
Preis: **3,09 €**
Android-Version: **ab 5.0**

WolframAlpha ist eine Suchmaschine, die statt irgendwelcher unbestätigten Internetlinks echtes wissenschaftliches Expertenwissen liefert. Die Idee ist dem Computer aus Star Trek nachgeahmt, dem man einfach eine Frage stellen kann und der dann präzise Antworten darauf liefert, an deren Richtigkeit keine Zweifel bestehen.

Our World Data

Hersteller: **OxFood**
Preis: **kostenlos**
Android-Version: **ab 4.4**

Das Onlineportal ourworldindata.org vergleicht zahlreiche statistische Werte in verschiedenen Ländern der Welt. In der offiziellen App wählen Sie die gewünschte Kategorie, um Grafiken und Tabellen übersichtlich für Smartphones aufbereitet zu sehen. Dabei können Sie festlegen, welche Länder in den Auswertungen verglichen werden sollen.

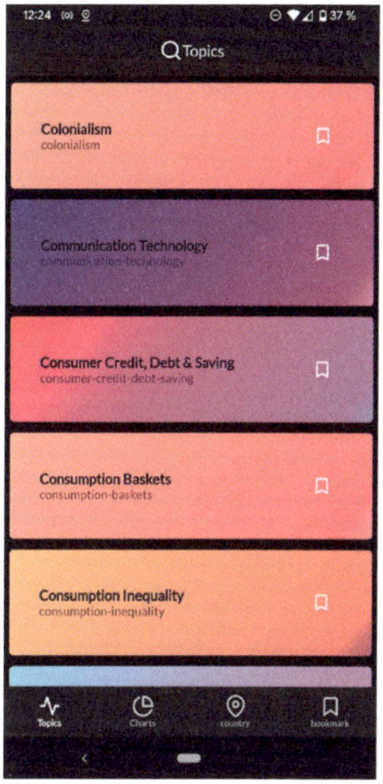

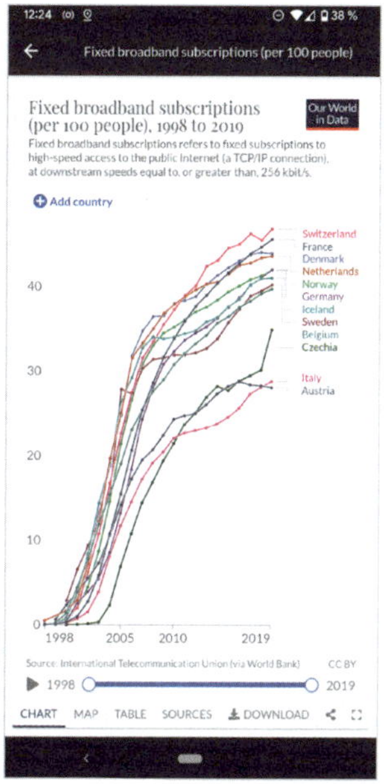

Weltweite Statistikdaten übersichtlich aufbereitet

World Factbook

Hersteller: **George Sapkin**
Preis: **kostenlos**
Android-Version: **ab 4.0**

Das *World Factbook* des amerikanischen Geheimdienstes CIA gilt als eines der umfangreichsten Länderlexika weltweit. Zu jedem Land der Erde sind dort ausführliche Fakten gespeichert. Diverse Apps verwenden die Daten des *World Factbook* in unterschiedlicher Weise. Diese App stellt in übersichtlicher Form die Daten jedes Landes auf dem Smartphone dar. Zu jedem Land gibt es zahlreiche Informationskategorien: Allgemeines, Geografie, Politik, Bevölkerung, Wirtschaft, Verkehr etc. Zum Vergleich sind Ranking-Listen aller Länder für verschiedene Bewertungskategorien enthalten, wobei nach Kontinenten gefiltert werden kann.

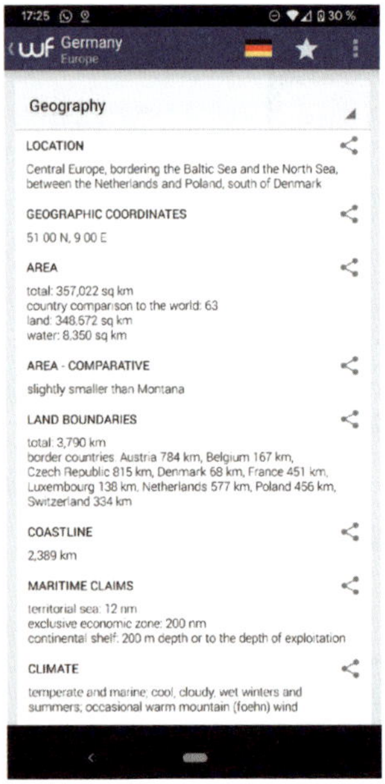

Das bekannte Länderlexikon der CIA

Virtuelle Realität

Google Cardboard

Hersteller: **Google LLC**
Preis: **kostenlos**
Android-Version: **ab 4.4**

Google Cardboard ist ein einfaches System, das mithilfe einer faltbaren Kartonschablone aus jedem aktuellen Smartphone eine VR-Brille macht, mit der sich Videos, Spiele, Photo-Sphere-Panoramen, Google Street View und auch Google Earth dreidimensional erleben lassen.

Die Cardboard-VR-Brille (Foto: Google)

Die Cardboard-App stellt zwei Bilder nebeneinander auf dem Smartphone dar, für das linke und für das rechte Auge. Das Gehirn macht daraus dann ein dreidimensionales Bild.

Die Cardboard-App bietet eine einfache Methode, die verwendete VR-Brille zu konfigurieren. Die meisten Cardboard-kompatiblen VR-Brillen haben einen QR-Code, der nur mit der Cardboard-App gescannt zu werden braucht. Damit werden Bildschirmgröße, Größe der VR-Brille, Linsenabstand und andere Geometrie-Parameter optimal aufeinander abgestimmt.

YouTube VR

Hersteller: **Google LLC**
Preis: **kostenlos**
Android-Version: **ab 7.0**

YouTube VR ist eine App für VR-Brillen, mit der sich YouTube in einem speziellen Kinomodus betrachten und über Spracheingabe steuern lässt. Die App nutzt die *Google Daydream View*. 360°-Videos und 3D-Videos werden unterstützt, Standardvideos erscheinen auf einer virtuellen Großleinwand.

AR Ruler

Hersteller: **Grymala**
Preis: **kostenlos (In-App-Käufe)**
Android-Version: **ab 8.0**

Das digitale Maßband misst Längen im Kamerabild. Die besten Ergebnisse werden erzielt, wenn der Startpunkt auf dem Boden liegt und von dort aus eine Länge oder Höhe gemessen wird.

Die Flächen sollten möglichst kontrastreich sein und klare Kanten zeigen. Die App bietet noch verschiedene weitere Messwerkzeuge für Höhen, Winkel und Polygonzüge an.

Längen mit dem digitalen Maßband messen

Sky Map

Hersteller: **Sky Map Devs**
Preis: **kostenlos**
Android-Version: **ab 5.0**

Sky Map macht aus dem Smartphone ein interaktives Planetarium und zeigt den aktuellen Nachthimmel.

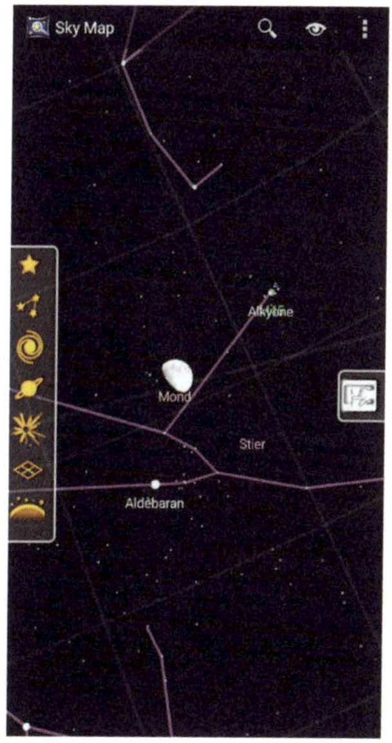

Sky Map zeigt Sterne, Planeten und andere Himmelskörper lagegenau an

Man braucht das Smartphone nur in die richtige Richtung zu halten und *Sky Map* zeigt die Namen aller Sterne und Planeten, die in dieser Richtung zu sehen sind, oder auch nicht – denn *Sky Map* funktioniert natürlich auch bei Tageslicht.

Umgekehrt können Sie auch einen Planeten oder Stern mit *Sky Map* am Nachthimmel suchen lassen. Nachdem Sie den Namen in das Suchfeld eingetippt haben, blendet *Sky Map* einen roten Kreis und Pfeil ein.

Drehen Sie sich selbst mit dem Smartphone so lange in die Richtung des Pfeils, bis der gesuchte Himmelskörper innerhalb des Kreises erscheint.

Star Walk 2 Sternenkarte

Hersteller: **Vito Technology**
Preis: **kostenlos (In-App-Käufe)**
Android-Version: **ab 4.4**

Halten Sie das Smartphone in den Nachthimmel, liefert *Star Walk* ausführliche Informationen zu allen Sternen und Planeten und zeigt Sternbilder. Einfache Wischgesten ermöglichen Zeitreisen, um den Verlauf der stellaren Bewegungen zu sehen.

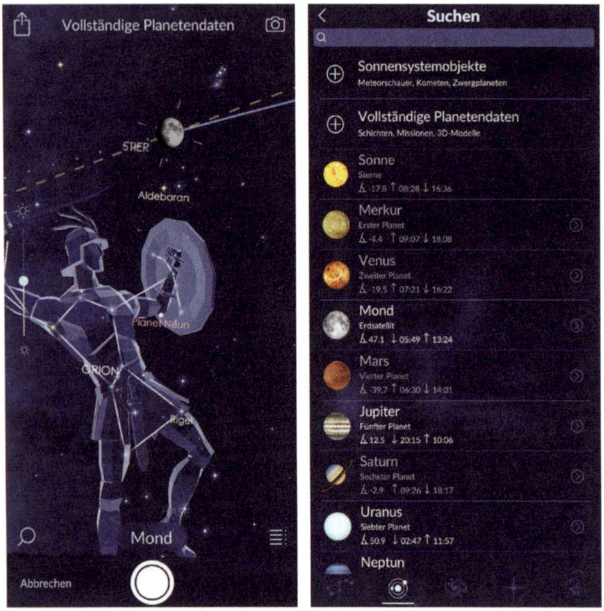

Star Walk liefert lagegenau ausführliche Informationen zu Sternen und Planeten

Heavens-Above

Hersteller: **Heavens-Above**
Preis: **kostenlos (In-App-Käufe)**
Android-Version: **ab 5.0**

Die Internationale Raumstation ISS wie auch zahlreiche Satelliten fliegen mehrmals am Tag über Europa hinweg und sind in den Abendstunden oft mit bloßem Auge gut zu erkennen. Die App *Heavens-Above* sagt in Abhängigkeit vom Standort des Benutzers genau die nächsten sichtbaren Überflüge voraus. Man kann sich rechtzeitig vorher benachrichtigen lassen oder auch bestimmte andere Satelliten suchen und deren Überflüge anzeigen lassen.

Flightradar24

Hersteller: **Flightradar24 AB**
Preis: **kostenlos (In-App-Käufe)**
Android-Version: **ab 5.0**

Ständig fliegen Hunderte Flugzeuge über unsere Köpfe hinweg, aber welches fliegt wohin? Die App *Flightradar24* kennt sie alle. Auf einer Karte sind alle Flüge in Echtzeit zu sehen, mit Flugnummer und Route.

Besonders interessant: Halten Sie das Smartphone mit der Kamera auf ein Flugzeug am Himmel, zeigt *Flightradar24*, welches es ist und wohin es fliegt. Eine 3D-Ansicht simuliert die Sicht des Piloten mit Google-Maps-Luftbildern.

Übersetzer und Wörterbücher

dict.cc

Hersteller: **Paul Hemetsberger**
Preis: **kostenlos (In-App-Käufe)**
Android-Version: **ab 5.0**

Das Onlinewörterbuch dict.cc bietet eine Android-App an, deren Wörterbücher offline ohne Internetverbindung laufen. Innerhalb der App können – am besten per WLAN – Wörterbücher für 51 Sprachpaare auf die Speicherkarte des Smartphones heruntergeladen werden.

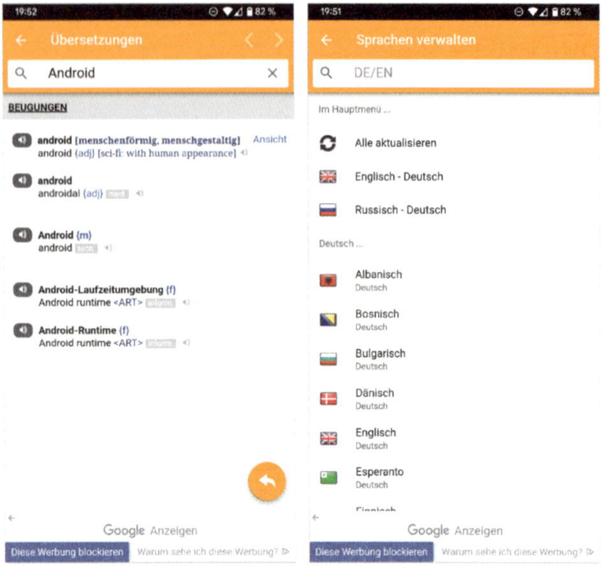

Wörterbücher von dict.cc auf dem Smartphone

Google Übersetzer

Hersteller: **Google LLC**
Preis: **kostenlos**
Android-Version: **ab 4.4**

Mit dem Google Übersetzer können eingetippte oder gesprochene Texte übersetzt werden. Unterwegs kann man mit der Kamera ein Schild oder eine Speisekarte fotografieren und in Echtzeit in eine andere Sprache übersetzen lassen. Beim ersten Start der App legen Sie die eigene Sprache – üblicherweise Deutsch – sowie die am häufigsten übersetzte Sprache fest. Wählen Sie den Menüpunkt *Offline übersetzen*, um eine Sprachdatei für die Übersetzung ohne Internetverbindung herunterzuladen. Wenn die Google-Übersetzer-App installiert ist, integriert sich die Übersetzungsfunktion automatisch in die Kontextmenüs oder Symbolleisten unterstützter Apps.

Achtung: Zur Veröffentlichung fremdsprachiger Texte ist der Google Übersetzer wie jede andere Art automatischer Übersetzung völlig ungeeignet. Die App dient nur dazu, sich ein ungefähres Bild vom Inhalt eines fremdsprachigen Textes zu machen. Besonders bei Sprachen, bei denen man nicht mal den leisesten Hauch einer Ahnung hat, was ein Text bedeutet, kann eine automatische Übersetzung hilfreich sein.

LEO Wörterbuch

Hersteller: **Leo GmbH**
Preis: **kostenlos (In-App-Käufe)**
Android-Version: **ab 4.1**

Das Onlinewörterbuch dict.leo.org gehört sicher zu den bekanntesten zweisprachigen Wörterbüchern im Internet und ist natürlich auch über den Webbrowser auf dem Smartphone nutzbar. Eine eigene App bietet

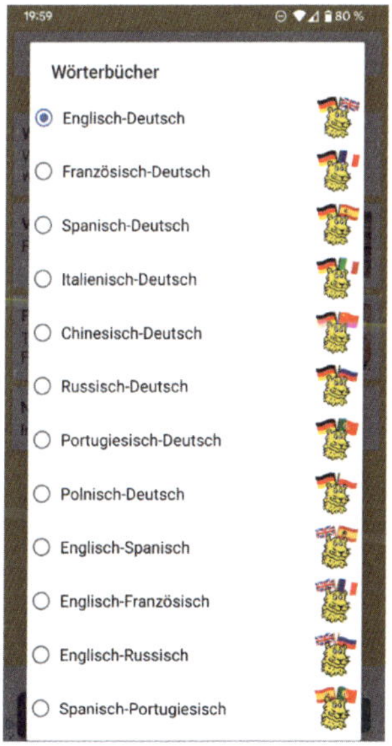

Wörterbücher mit umfangreichen Zusatzinfos

noch einfacheren Zugriff auf die Onlinewörterbücher von leo.org. Diese stehen für Deutsch in Kombination mit Englisch, Französisch, Spanisch, Italienisch, Russisch, Polnisch, Portugiesisch und Chinesisch zur Verfügung. Neben der Übersetzung in beide Sprachrichtungen bieten die Leo-Wörterbücher Definitionen, Verbtabellen, Aussprachehinweise, Texte zu Grammatik und Wortherkunft sowie Hinweise zur Wortverwendung im Satzzusammenhang. Das Deutsch-Englisch/Englisch-Deutsch-Wörterbuch ist mit 827.000 Stichwörtern deutlich umfangreicher als die meisten kommerziellen Wörterbücher.

WordNet Advanced English Dictionary and Thesaurus

Hersteller: **MobiSystems**
Preis: **kostenlos (In-App-Käufe)**
Android-Version: **ab 4.1**

WordNet ist eine umfangreiche lexikalische Datenbank mit über 140.000 englischen Stichwörtern und über 1,4 Millionen Wörtern, entwickelt vom Cognitive Science Laboratory an der Princeton University. Das *WordNet Advanced English Dictionary* liefert einfache und klare Definitionen in einem einsprachigen englischen Wörterbuch, das nach der Installation der App zunächst komplett auf das Smartphone heruntergeladen wird und danach offline genutzt werden kann.

Fachwissen

Merck PTE

Hersteller: **Merck KGaA**
Preis: **kostenlos**
Android-Version: **ab 5.0**

Für jeden Chemiker, aber auch für viele andere Wissenschaftler unverzichtbar: das Periodensystem der Elemente. Verschiedene Apps stellen das Periodensystem in unterschiedlicher Qualität und meist nur auf Englisch dar.

Merck PTE sieht nicht nur grafisch gut aus, sondern bietet auch eine umfangreiche Suchfunktion, mit deren Hilfe man chemische Elemente über Gruppen, Atomnummern, Namen oder andere bekannte Kriterien finden kann.

Zu allen Elementen werden diverse Fakten und wichtige Daten in deutscher Sprache angezeigt – Symbol, Massenzahl, atomares Gewicht, Dichte, Schmelzpunkt, Siedepunkt, Elektronenkonfigurationen und vieles mehr.

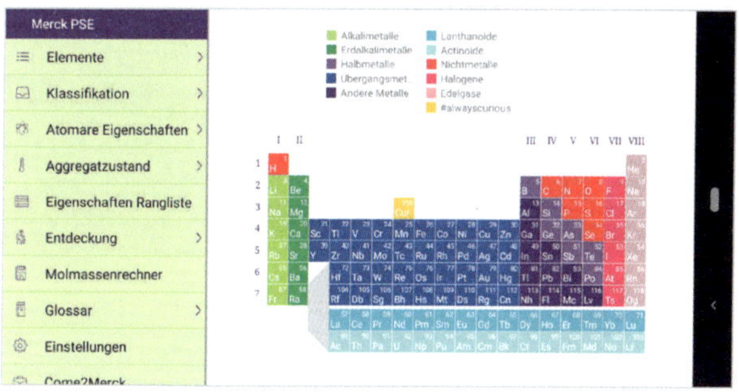

Das Periodensystem der Elemente

Mathe-Formeln Offline

Hersteller: **E-Learning**
Preis: **kostenlos (In-App-Käufe)**
Android-Version: **ab 4.0**

Alle wichtigen mathematischen Formeln für Schule und Studium: Grundrechenarten, Algebra, Analysis, Trigonometrie, Geometrie, analytische Geometrie, Integralrechnung, Matrizen und Statistik. Die meisten geometrischen Formeln werden mit einer anschaulichen Grafik erläutert.

Solar Walk 2 Free

Hersteller: **Vito Technology**
Preis: **kostenlos (In-App-Käufe)**
Android-Version: **ab 4.4**

Ein interaktives Lexikon des Sonnensystems zeigt mit beeindruckender Grafik ausführliche Informationen zu allen Planeten, Zahlen, Infografiken, wichtige astronomische Ereignisse sowie Raumfahrtmissionen, die die Planeten besucht haben.

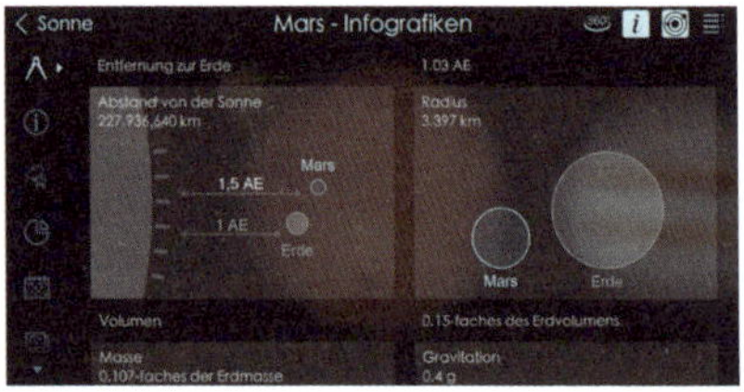

Interaktives Lexikon zum Sonnensystem

Pl@ntNet Pflanzenbestimmung

Hersteller: **PlantNet**
Preis: **kostenlos**
Android-Version: **ab 5.0**

Einen Baum, eine Blume oder auch eine essbare Pflanze in der freien Natur eindeutig zu bestimmen, ist nicht immer einfach.

Die App *Pl@ntNet* braucht nur ein Foto und erkennt dann in den meisten Fällen sehr zuverlässig, um welche Pflanze es sich handelt.

Zum Vergleich werden weitere Fotos der Pflanze sowie ausführliche botanische Informationen angezeigt.

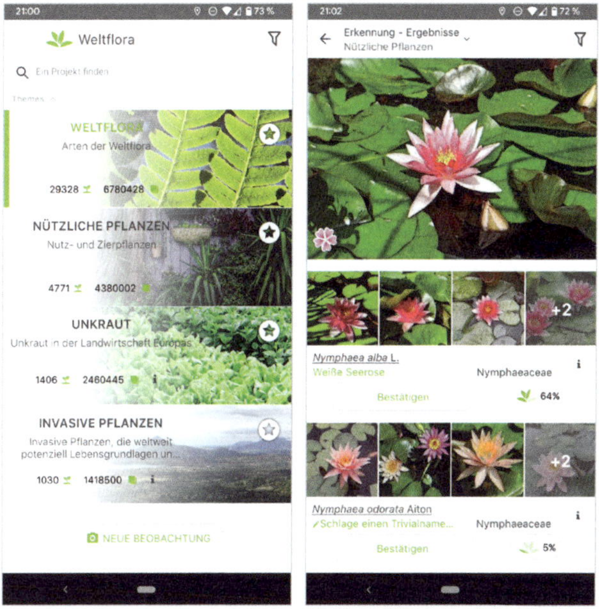

Welche Pflanze ist das?

Das Grundgesetz

Hersteller: **Bundeszentrale für politische Bildung**
Preis: **kostenlos**
Android-Version: **ab 4.4**

Das Grundgesetz der Bundesrepublik Deutschland im kompletten Originaltext mit einem Lexikon zu wichtigen politischen Fachbegriffen. Eine Suchfunktion findet Begriffe, da nicht jeder wissen kann, in welchem Artikel welche Fakten beschrieben werden.

Mit einem Quiz erweitern Sie auf spielerische Weise Ihr Wissen rund um das Grundgesetz.

9. Fotos und Grafik

Wer seine Fotos online speichert, kann jederzeit und überall darauf zugreifen. Außerdem sind Onlinefotoalben eine komfortable Lösung, Freunden Fotos zu zeigen. So braucht man aus dem Urlaub nicht jede Menge Fotos einzeln per E-Mail zu verschicken. Ein Link auf das eigene Album reicht aus. Weiterhin sind verschiedene Apps darauf spezialisiert, Bilder auf dem Smartphone nachträglich zu bearbeiten.

Fotos online zeigen und teilen

Google Fotos

Hersteller: **Google LLC**
Preis: **kostenlos**
Android-Version: **ab 5.0**

Google Fotos (photos.google.com) bietet jedem Nutzer die Möglichkeit, seine Fotos online privat zu verwalten und auf Wunsch einzelne Bilder oder ganze Alben mit anderen zu teilen. Bei *Google Fotos* können Sie Bilder von Freunden kommentieren oder auch eigene Fotos bearbeiten und zu Collagen sowie Animationen zusammenstellen.

In den Einstellungen der Google-Fotos-App lässt sich festlegen, dass alle mit dem Smartphone aufgenommenen Fotos automatisch bei Google in einem privaten Album gesichert werden, auf das nur Sie selbst Zugriff haben. Auf diese Weise haben Sie jederzeit vom PC aus über photos.google.com Zugriff auf Ihre Fotos, ohne sie manuell übertragen zu müssen. Google bietet 15 GB Speicherplatz für Fotos und andere Daten kostenlos an. Stellen Sie in den Einstellungen der Fotos-App, die Sie über das Profilbild rechts oben erreichen, unter *Backup und Sync* die *Uploadgröße* auf *Speicherplatz sparen*.

Liefert die Kamera eine höhere Auflösung, werden die Fotos beim Sichern automatisch auf 16 Megapixel reduziert. Seit Juni 2021 werden auch neu hochgeladene Fotos in der geringeren Auflösung auf das Speicherplatzkontingent angerechnet.

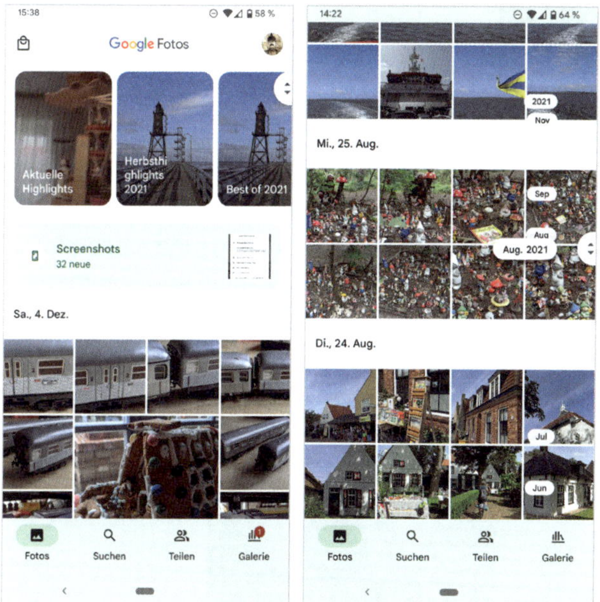

Fotos in Google Fotos bearbeiten und teilen

Bonus für Google-Pixel-Smartphones

Nutzer von Smartphones der Google-Pixel-Serie bekommen unbegrenzt freien Speicherplatz für Fotos und Videos in reduzierter Auflösung.

Fotos von der Kamera werden bei eingeschalteter Synchronisation immer gesichert. Mit der Option *Geräteordner sichern* können Sie festlegen, welche weiteren Ordner ebenfalls gesichert werden sollen, z. B. Screenshots und Downloads.

Instagram

Hersteller: **Instagram**
Preis: **kostenlos (In-App-Käufe)**
Android-Version: **ab 7.0**

Fotos vom Smartphone in ein soziales Netzwerk hochzuladen, ist nichts Neues mehr. Instagram hat es geschafft, von einer einfachen App zum Teilen von Fotos zu einem der wichtigsten sozialen Netzwerke zu werden. Schon früher wurden Urlaubsfotos und schöne Eindrücke als Foto mit Freunden geteilt. Die rasche Verbreitung von Instagram und die komfortablen Funktionen zur Bildbearbeitung sowie zum Teilen und Kommentieren tragen dazu bei, dass es heute für viele wie selbstverständlich dazugehört, im Urlaub oder vom Essen Fotos zu machen und zu veröffentlichen.

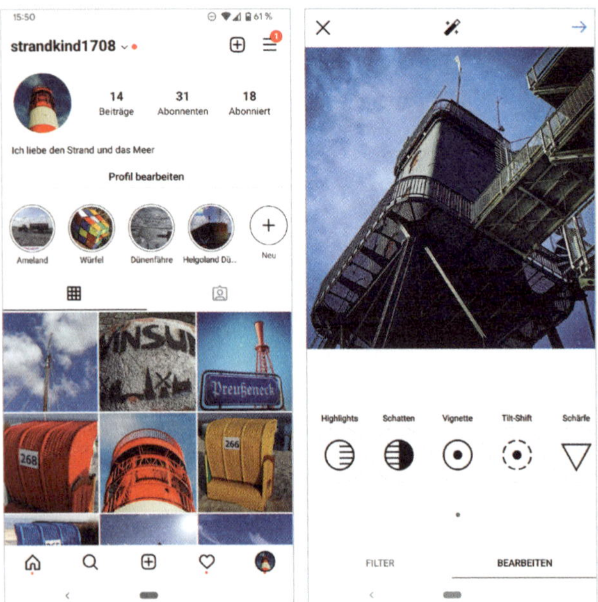

Fotos von Freunden betrachten oder eigene Bilder mit Filtern aufbessern und hochladen

Flickr

Hersteller: **Flickr, Inc.**
Preis: **kostenlos (In-App-Käufe)**
Android-Version: **ab 5.0**

Flickr (www.flickr.com) ist eine der bekanntesten Onlineplattformen für Fotos. Hier können Sie selbst Onlinefotoalben anlegen und Ihren Freunden Bilder präsentieren.

Flickr bietet viele Funktionen eines sozialen Netzwerks, man kann Fotos kommentieren, Gruppen mit Freunden gründen und sich gegenseitig über neue Fotos auf dem Laufenden halten.

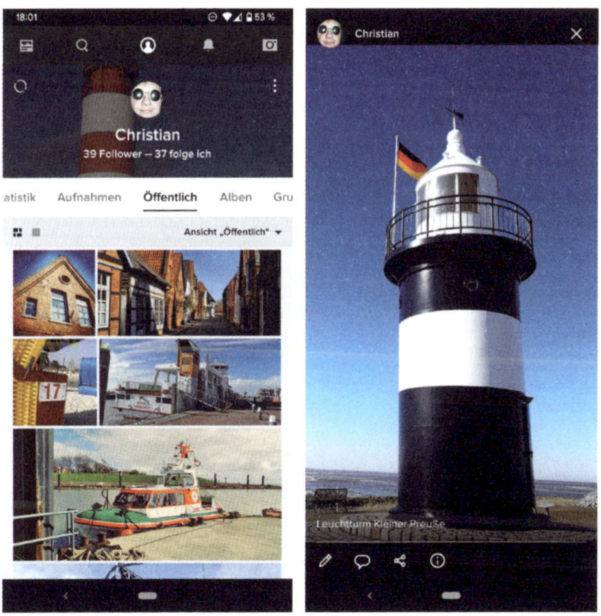

Fotos in der Flickr-App

Fotografieren mit der Flickr-App

Mit der Flickr-App kann man direkt ohne die Standard-Kamera-App fotografieren. Einfach oben rechts in der Flickr-App auf das Kamerasymbol tippen, dann startet eine eigene Kamerafunktion, mit der Sie die neuen Fotos auch direkt benennen können, da bei Flickr jedes Bild einen Namen braucht. Besonders interessant sind die Filter im rechten Bildschirmbereich, mit denen man den Fotos eine persönliche Note oder auch ein besonders kitschiges Aussehen verpassen kann.

Wikimedia Commons

Hersteller: **Wikimedia Foundation**
Preis: **kostenlos**
Android-Version: **ab 4.4**

Wikimedia Commons (commons.wikimedia.org) ist eine der größten Communitys für Fotos auf der Welt. Die Bilder werden auch in allen internationalen Versionen der Wikipedia verwendet. Mit dieser App können Community-Mitglieder eigene Fotos vom Smartphone auf Wikimedia Commons hochladen oder auch Fotos zu Objekten und Sehenswürdigkeiten in der Umgebung finden.

Fotos bearbeiten

Snapseed

Hersteller: **Google LLC**
Preis: **kostenlos**
Android-Version: **ab 5.0**

Google liefert mit *Snapseed* eine komfortable App zur Bildbearbeitung und Korrektur mit äußerst intuitiver Bedienung. Bilder lassen sich ausrichten, drehen, zuschneiden sowie mit vielerlei Effekten und Korrekturen versehen. *Snapseed* kann auf dem Smartphone gespeicherte Fotos und solche aus Google-Fotoalben oder von Google Drive bearbeiten.

Unter den Werkzeugen finden Sie unter anderem Funktionen, um einen Bildausschnitt zu wählen. Diesen Bildausschnitt können Sie mit den dargestellten Griffen auf die gewünschte Größe ziehen. Dabei werden verschiedene Vorgaben für das Seitenverhältnis angeboten.

Das Werkzeug zur Feinabstimmung bietet verschiedene Einstellungen wie Helligkeit, Kontrast und Sättigung, zwischen denen man mit einer senkrechten Wischbewegung hin- und herwechselt. Eine horizontale Wischbewegung justiert anschließend die Stärke der jeweiligen Einstellung.

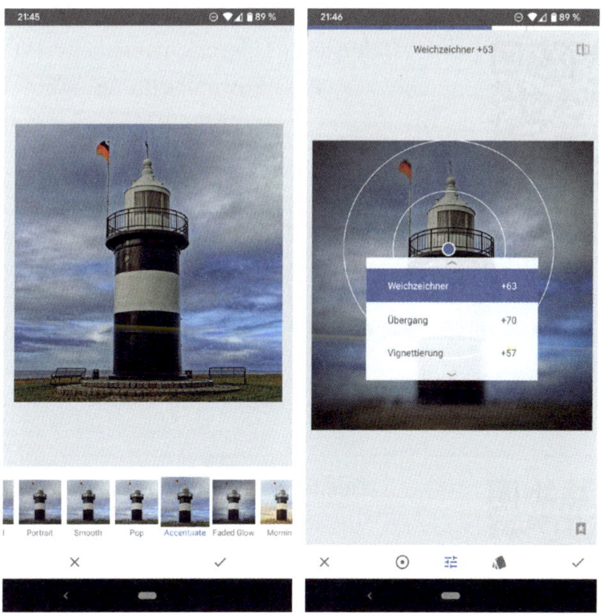

Bildeffekte und Korrekturen mit Snapseed

Fotoscanner

Hersteller: **Google LLC**
Preis: **kostenlos**
Android-Version: **ab 5.0**

Google bietet mit dem *Fotoscanner* eine spezielle Kamera-App zum Scannen klassischer Papierfotos an. Nachdem das zu scannende Foto im Rahmen positioniert wurde, erfassen Sie nacheinander die vier Markierungspunkte mit der Kamera. Zum Schluss kann das Bild noch in 90°-Schritten gedreht werden und die Ecken können angepasst werden, falls es nicht exakt rechtwinklig erfasst wurde.

Photo Lab

Hersteller: **Linerock Investments LTD**
Preis: **kostenlos (In-App-Käufe)**
Android-Version: **ab 5.0**

Photo Lab bringt zahlreiche grafische Effekte für Fotos mit. Mit neuen Hintergründen oder Rahmen, etwa Titeln bekannter Zeitschriften, lassen sich ganz einfach eindrucksvolle Bilder zusammenbauen. Die integrierte Gesichtserkennung hilft dabei, ein Porträt von sich selbst oder einem Freund künstlerisch darzustellen.

FaceApp

Hersteller: **FaceApp Technology Ltd**
Preis: **kostenlos (In-App-Käufe)**
Android-Version: **ab 7.0**

Mit wenigen Fingerstrichen macht man aus einem belanglosen Selfie ein professionelles Bild. Dabei lassen sich Gesichtsausdruck, Haarfarbe, Bart und andere Gesichtsmerkmale täuschend echt verändern. Besonders beliebt ist der Altersfilter, mit dem man jünger oder deutlich älter aussehen kann.

Sketchbook

Hersteller: **Sketchbook**
Preis: **kostenlos**
Android-Version: **ab 5.0**

Ein interaktives Mal- und Zeichenprogramm, das zum Zeichnen eigener Bilder entwickelt wurde. Zahlreiche voreingestellte Stifte und Pinsel sowie die simulierte Druckempfindlichkeit des Bildschirms bieten ein natürliches Zeichenerlebnis wie mit Stift und Papier.

Das Zeichenprogramm Sketchbook als App

10. Medien, Musik und E-Books

Digitale Musik unterwegs zu hören, gehört zum Alltag. Portable MP3-Player haben längst Walkman und tragbare CD-Player abgelöst. Inzwischen ist das Interesse an klassischen MP3-Playern auch schon wieder deutlich zurückgegangen.

Fast jeder hört seine Musik nur noch auf dem Smartphone über Kopfhörer, deren Qualität mit dem, was man aus Walkman-Zeiten kannte, nicht mehr zu vergleichen ist.

Musik-Apps

YouTube Music

Hersteller: **Google LLC**
Preis: **kostenlos (In-App-Käufe)**
Android-Version: **ab 9.0**

Der Musik-Streaming-Dienst von YouTube findet Musik aus offiziellen Veröffentlichungen der Künstler anhand von Titeln, Stichwörtern oder Albumnamen. In der kostenlosen Version wird die Musik oft durch Werbung unterbrochen und läuft auch nicht weiter, wenn der Bildschirm abgeschaltet ist oder eine andere App im Vordergrund läuft.

Achtung Kostenfalle

Tippen Sie beim ersten Start der App *YouTube Music* auf *Nein danke* und nicht auf *Kostenlosen Testzeitraum*, da Sie sonst den YouTube-Musik-Dienst abonnieren, der zwar 30 Tage lang kostenlos ist, aber wer denkt schon daran, so etwas rechtzeitig wieder abzumelden.

YouTube Music ersetzt den alten Android-Musikplayer und ist auf den meisten Smartphones vorinstalliert. *YouTube Music* spielt sowohl lokal auf dem Smartphone gespeicherte Musik ab als auch Musik vom Cloud-Speicher.

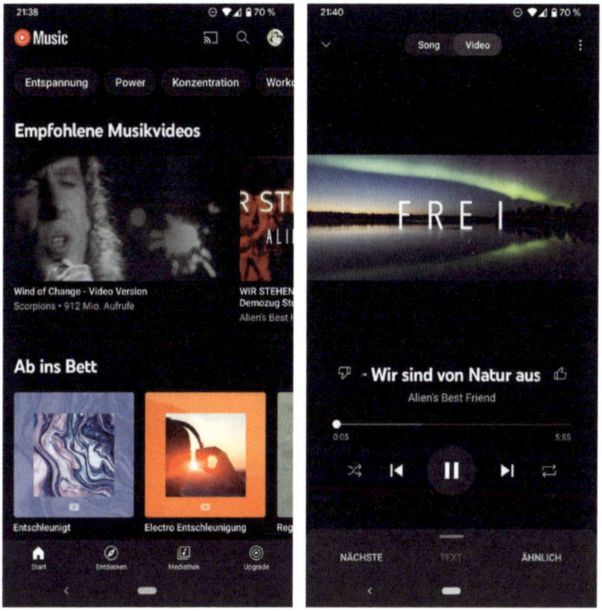

YouTube Music bietet Musik ganz nach dem persönlichen Geschmack

Amazon Music

Hersteller: **Amazon Mobile LLC**
Preis: **kostenlos (In-App-Käufe)**
Android-Version: **ab 5.0**

Etwa 50 Millionen Songs, Hunderte Playlists und über eine Million Alben stehen in *Amazon Music* zum Download bereit, natürlich zu den Preisen wie auf der Amazon-Music-Internetseite.

Die App *Amazon Music* kann auf dem Smartphone auch beliebige Musik abspielen, nicht nur die bei Amazon gekauften Titel, sondern auch alle anderen MP3-Dateien, die auf der Speicherkarte des Smartphones liegen.

Die App lässt sich über Alexa steuern. So kann man Musik auswählen, ohne das Smartphone antippen zu müssen.

Spotify Music

Hersteller: **Spotify AB**
Preis: **kostenlos (In-App-Käufe)**
Android-Version: **k. A.**

Der beliebte Musik-Streaming-Dienst Spotify bietet eine App an, um unterwegs oder zu Hause die persönliche Lieblingsmusik zu hören. Die kostenlose Variante ist nur mit Internetverbindung nutzbar, und die Musik wird immer mal wieder durch Werbung unterbrochen.

Webradio

radio.de

Hersteller: **radio.net**
Preis: **kostenlos (In-App-Käufe)**
Android-Version: **ab 5.0**

Das Portal radio.de richtet sich mit über 30.000 Radiostationen speziell an Publikum aus Deutschland. Anhand des eigenen Standorts werden ähnlich wie in einem UKW-Radio Sender aus der eigenen Umgebung gefunden. Zusätzlich lässt sich nach Städten, Themen oder Musikgenres suchen.

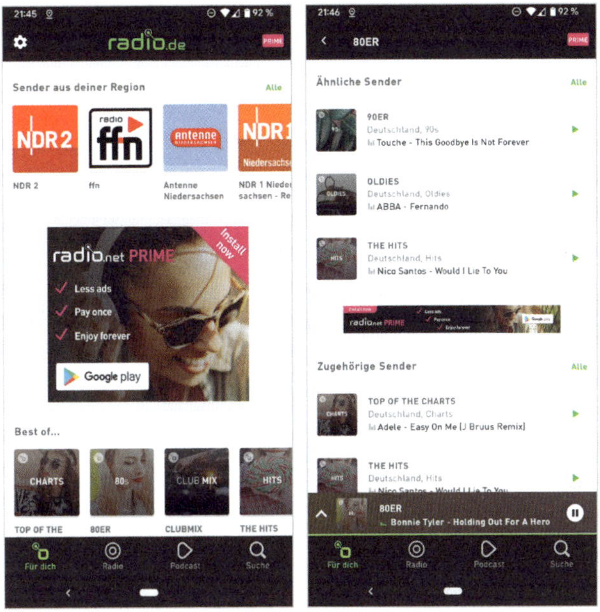

Lokale Radiosender aus Deutschland bei radio.de

TuneIn Radio

Hersteller: **TuneIn Inc.**
Preis: **kostenlos (In-App-Käufe)**
Android-Version: **ab 5.0**

TuneIn Radio kennt über 100.000 Radiostationen, mehrere Hundert allein aus Deutschland. Um Sender zu finden, kann man nicht nur nach Namen suchen, sondern auch regional oder nach dem bevorzugten Musikstil.

Die App bezieht regelmäßig Updates der Radiolisten. Bei der Fülle der angebotenen Sender empfiehlt es sich, Favoriten anzulegen. Dann braucht man nur noch auf eine Radiostation zu tippen, die Musik wird umgehend gestreamt und abgespielt.

Video

YouTube

Hersteller: **Google LLC**
Preis: **kostenlos**
Android-Version: **k. A.**

Die YouTube-App bietet komfortablen Zugriff auf die YouTube-Plattform ohne Browser. Nach der Anmeldung mit dem auf dem Smartphone installierten Google-Konto hat man in der YouTube-App direkten Zugriff auf eigene Playlisten und Favoriten. Natürlich lassen sich alle Videos im Vollbildmodus auf dem Smartphone abspielen und auch bewerten oder die Links an Freunde verschicken. Mit der YouTube-App können Sie zudem eigene Videos, die mit der Smartphone-Kamera aufgenommen wurden, direkt auf YouTube hochladen, ohne dass Sie einen PC benötigen.

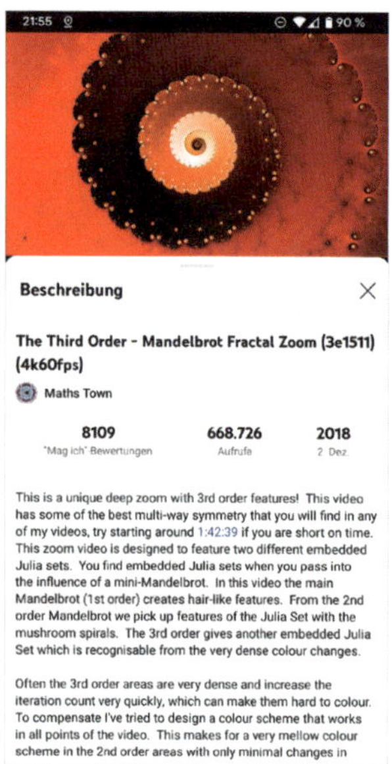

Die YouTube-App mit Favoriten, persönlichen Abos und Videoempfehlungen

Rumble

Hersteller: **Rumble Inc**
Preis: **kostenlos**
Android-Version: **ab 5.0**

Bei *Rumble* kann jeder seinen eigenen Videokanal aufbauen. Das Portal wendet sich im Wesentlichen an private Videoproduzenten und entstand als Antwort auf die zunehmende Zensur bei YouTube.

Rumble verbietet Pornografie und Urheberrechtsverletzungen, zensiert aber sonst die Videos nicht nach Inhalten.

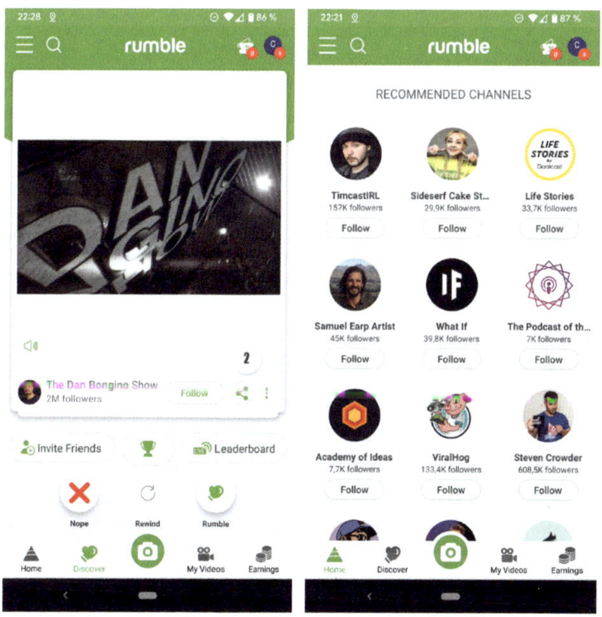

Rumble als zensurfreie Alternative zu YouTube

VLC Player

Hersteller: **Videolabs**
Preis: **kostenlos**
Android-Version: **ab 5.0**

Der *VLC Player*, ein bekanntes Open-Source-Programm zum Abspielen von Medien aller Art, ist auch als App für Android erhältlich und spielt so ziemlich jede Videodatei auf dem Smartphone ab, auch Formate, die der Standard-Videoplayer von Android nicht darstellen kann.

Im WLAN spielt der *VLC Player* Videos von Streaming-Servern wie z. B. Netzwerkfestplatten ab.

Der VLC Player für Android mit Fingergesten

FRITZ!App TV

Hersteller: **AVM GmbH**
Preis: **kostenlos**
Android-Version: **ab 7.0**

Mit der App *FRITZ!App TV* können Sie auf einem Smartphone – oder noch besser auf einem Tablet – fernsehen. Voraussetzung ist eine FRITZ!Box Cable mit aktiviertem Live-TV-Streaming im lokalen Netzwerk. Mit der App brauchen Sie keine Senderliste zu erstellen, alle verfügbaren Sender werden auf dem Startbildschirm der App angezeigt und können direkt ausgewählt werden. In der Senderliste öffnen Sie über ein Symbol oben rechts das aktuelle Fernsehprogramm. Hier sehen Sie das komplette Programm und können auch schnell zu einem Sender springen.

Kabelfernsehen über die FRITZ!Box auf dem Smartphone

TikTok

Hersteller: **TikTok Pte. Ltd.**
Preis: **kostenlos (In-App-Käufe)**
Android-Version: **ab 4.4**

In der App *TikTok* kann man sich Videos verschiedenster Kategorien ansehen. Die meisten davon sind Musik- oder Spaßvideos. Die Videos können zwischen 3 und 60 Sekunden lang sein, wiederholen sich automatisch und sind zu einem großen Teil von Nutzern mit der App selbst produziert. Jeder kann eigene Videos veröffentlichen. Beim Aufnehmen der Videos wählen Sie zuerst eine Hintergrundmusik aus einem umfangreichen Portfolio aus und nehmen dann das Video auf. Dieses kann anschließend noch mit Effekten oder eingeblendeten Texten versehen werden.

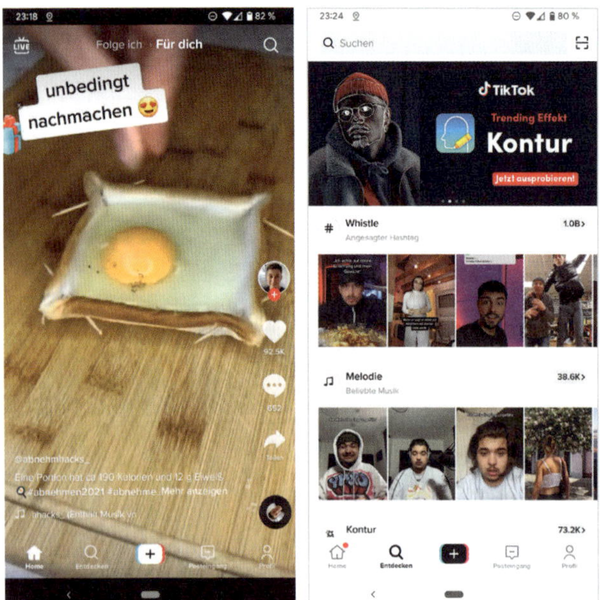

TikTok zeigt kurze Spaßvideos, besonders für Jugendliche

E-Books

Google Play Bücher

Hersteller: **Google LLC**
Preis: **kostenlos (In-App-Käufe)**
Android-Version: **k. A.**

Google Play bietet neben Apps, Musik und Hardware auch einen Downloadshop für E-Books an. Für die hier gekauften Bücher gibt es eine eigene Reader-App, die auf vielen aktuellen Smartphones bereits vorinstalliert ist. Damit lassen sich die im eigenen Google-Konto gespeicherten Bücher direkt online lesen oder auch zum Offlinelesen auf dem Gerät zur Verfügung stellen. In der aktuellen Version spielt die App auch Hörbücher ab, die aus dem Google Play Store heruntergeladen werden können.

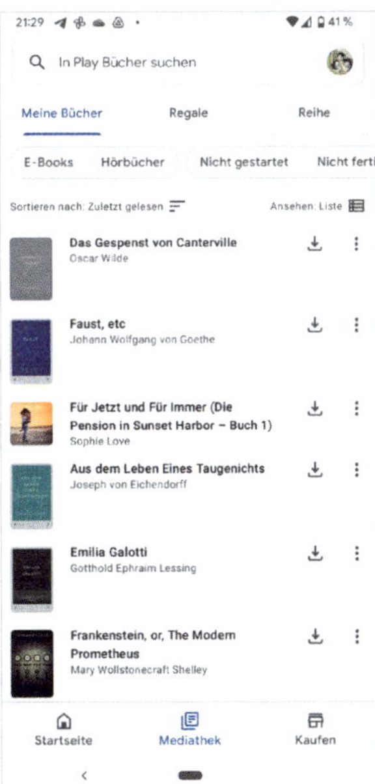

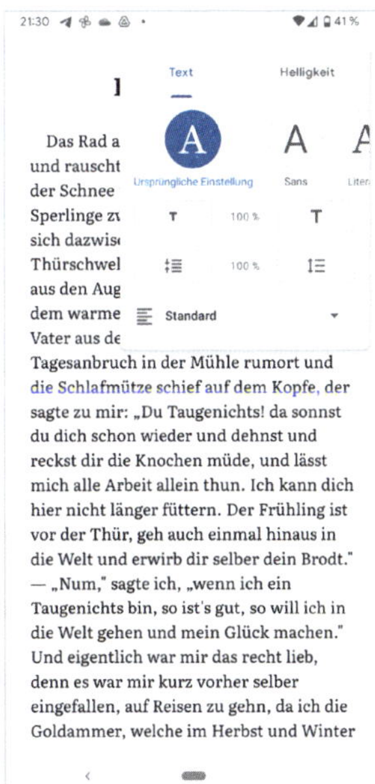

E-Books im Google-Play-E-Book-Reader

Eigene E-Books in der App lesen

Die App *Google Play Bücher* kann auch eigene E-Books in den Formaten EPUB und PDF darstellen, solange diese keinen Kopierschutz haben. Laden Sie Ihre E-Books vom PC über die Seite play.google.com/books/uploads in Ihr Google-Konto hoch.

Sie können auch E-Books aus Ihrer persönlichen Google-Drive-Ablage direkt über die Google-Drive-App in Ihre E-Book-Bibliothek übernehmen. Bei E-Books im EPUB-Format stehen alle Funktionen des E-Book-Readers zur Verfügung, unter anderem die Volltextsuche, das Inhaltsverzeichnis, Notizen, die Einstellung der Schriftgröße. Im PDF-Format können Sie nur Lesezeichen setzen.

Kindle

Hersteller: **Amazon Mobile LLC**
Preis: **kostenlos (In-App-Käufe)**
Android-Version: **ab 5.0**

Der Onlinebuchhändler Amazon machte mit seinem E-Book-Lesegerät Kindle das Lesen von E-Books erst richtig populär. Anstelle eines »echten« Kindle kann man auch die Kindle-App nutzen, um seine bei Amazon gekauften E-Books unterwegs zu lesen. Amazon verwendet für den Kindle ein eigenes Datenformat, das die anderen E-Book-Reader nicht lesen können.

Diese App bietet natürlich auch Zugang zum Onlineshop, der innerhalb der App in einem für Smartphones optimierten Format dargestellt wird, sowie auch zu kostenlosen Büchern. Die Bücher werden automatisch über Amazons eigene Whispersync-Technologie direkt auf das Smartphone zugestellt, ohne dass Sie noch irgendetwas dazu tun müssen.

Tolino

Hersteller: **Next Performance Germany GmbH**
Preis: **kostenlos (In-App-Käufe)**
Android-Version: **ab 7.0**

Der deutsche Buchhandel bietet mit *Tolino* eine gemeinsame Plattform zum Verkauf von E-Books an. In der Tolino-App haben Sie Zugriff auf alle an Tolino beteiligten Händler, u. a. Thalia, Weltbild, Hugendubel, Buch.de, Ebook.de und weitere Buchhändler. Nach der Anmeldung in Ihrem Lieblingsshop wird die Tolino-App auf diesen Shop eingerichtet und Sie können Ihre dort gekauften E-Books und Hörbücher in die Tolino-App herunterladen und natürlich auch neue kaufen.

Der E-Book-Reader von Tolino

Über die Bibliothek-Verknüpfung in den Einstellungen können Sie Ihre Bibliotheken aus anderen Shops verknüpfen und alle E-Books über die gemeinsame Tolino-Cloud in der App lesen – wie natürlich auch auf Tolino-E-Book-Readern. Geben Sie in den Einstellungen Ihre Adobe ID ein, um auch DRM-verschlüsselte E-Books lesen zu können.

Onleihe

Hersteller: **divibib GmbH**
Preis: **kostenlos**
Android-Version: **ab 4.4**

Auch E-Books, Hörbücher und E-Magazine lassen sich in öffentlichen Bibliotheken ausleihen. Zur Nutzung braucht man ein Benutzerkonto einer Bibliothek oder Stadtbücherei und kann dort dann im Bestand stöbern oder sich Titel vormerken lassen.

Die App *Onleihe* lädt die E-Books für einen begrenzten Zeitraum herunter und ermöglicht es auch, direkt in der App zu lesen. Es ist kein zusätzlicher E-Book-Reader erforderlich.

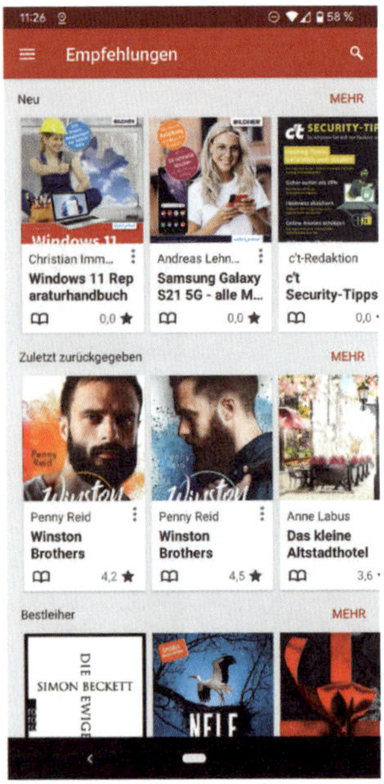

E-Books in öffentlichen Bibliotheken ausleihen

readfy

Hersteller: **readfy**
Preis: **kostenlos (In-App-Käufe)**
Android-Version: **ab 4.4**

readfy bietet eine kostenlose, werbefinanzierte E-Book-Flatrate an. In der App können Sie über 130.000 E-Books und mehr als 2.000 E-Book-Serien kostenlos lesen. Allerdings wird zwischendurch immer wieder Werbung eingeblendet. Die vielfältige Auswahl umfasst Romane, Krimis, Science-Fiction, Serien wie auch Sachbücher.

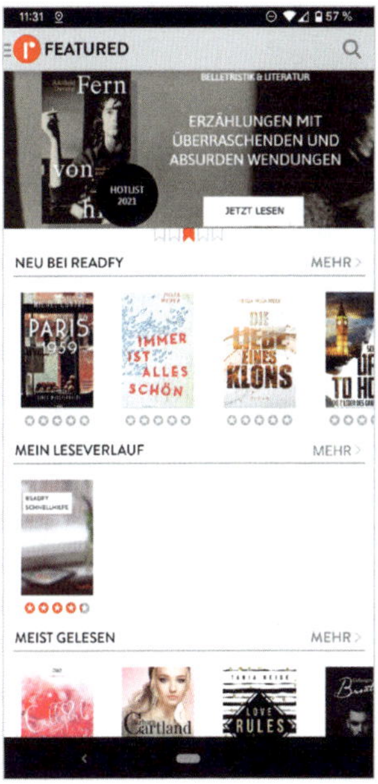

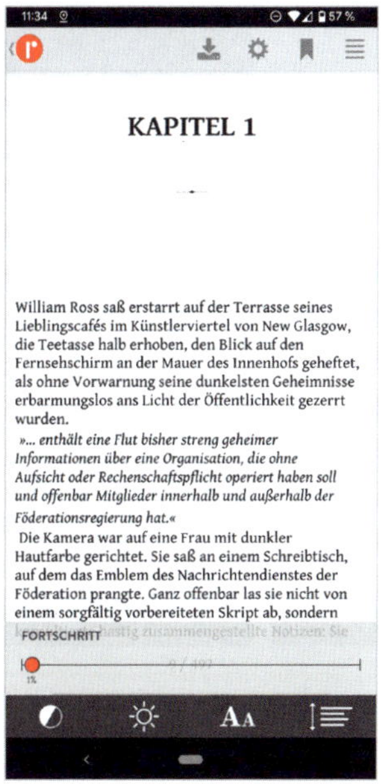

Kostenlos E-Books lesen

Lesio

Hersteller: **neo campus GmbH**
Preis: **kostenlos (In-App-Käufe)**
Android-Version: **ab 5.0**

Lesio zeigt zufällige Leseproben einfach durch Schütteln des Smartphones. Damit entdeckt man Bücher, auf die man sonst nie gestoßen wäre, allein über den Inhalt, nicht über Titelbild, Klappentext oder Autor. Bücher, die gefallen, können auf der Wunschliste gespeichert und dann als E-Book oder gedrucktes Buch bestellt werden.

Unbekannte Bücher über Leseproben entdecken

Wattpad

Hersteller: **Wattpad.com**
Preis: **kostenlos (In-App-Käufe)**
Android-Version: **ab 5.0**

Wattpad ist eine weltweite Community für Hobbyautoren, die E-Books zu den unterschiedlichsten Themen kostenlos veröffentlichen, viele allerdings in englischer Sprache. Dazu gibt es Geschichten bekannter Schriftsteller, alte Klassiker und Fanfiction.

Mit der Wattpad-App kann sich jeder diese E-Books herunterladen und auf dem Smartphone oder Tablet lesen und auch Kommentare dazu schreiben.

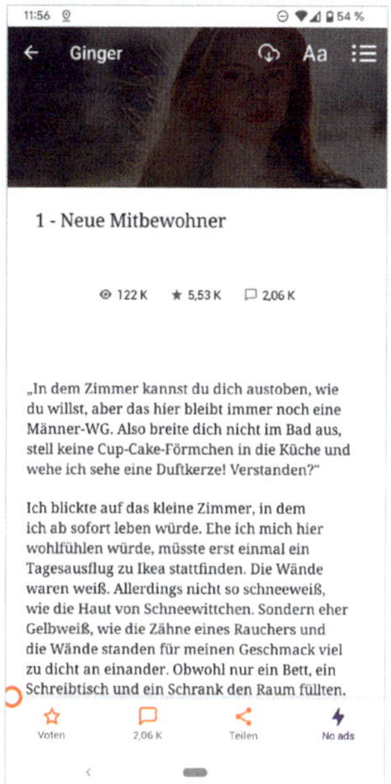

Die unbegrenzte, stetig wachsende Weltbibliothek mit kostenlosen Büchern und Geschichten

Audible

Hersteller: **Audible, Inc.**
Preis: **kostenlos (In-App-Käufe)**
Android-Version: **ab 6.0**

Bücher vorlesen zu lassen, statt sie selbst zu lesen, wird immer beliebter. Audible, einer der führenden Anbieter für Hörbücher, liefert eine eigene App zum Anhören auf dem Smartphone mit Lesezeichenfunktion, Einschlaf-Timer sowie Vor- und Zurückspulen.

11. Shopping und Schnäppchen

Verschiedene Apps erweisen sich als nützliche Hilfe beim Onlineeinkauf wie auch offline in Läden, wenn es darum geht, günstige Angebote oder Produktinformationen zu finden.

eBay

Hersteller: **eBay Mobile**
Preis: **kostenlos**
Android-Version: **ab 5.0**

Sind Sie gerade in einer eBay-Auktion aktiv und diese läuft ab, wenn Sie nicht zu Hause sind, kann Ihnen schon mal was durch die Lappen gehen. Mit der eBay-App auf dem mobilen Gerät bleiben Sie auf dem Laufenden

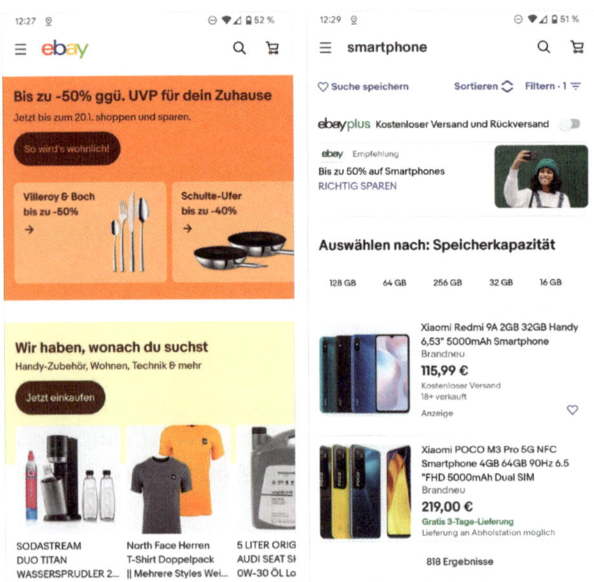

Unterwegs bei eBay suchen und kaufen

und können noch mal schnell ein Gebot erhöhen. Sehen Sie auf einem Flohmarkt ein Schnäppchen, scannen Sie einfach den Barcode des Produktes und suchen den aktuellen eBay-Preis. Damit lässt sich so mancher Flohmarkthändler noch herunterhandeln.

eBay Kleinanzeigen

Hersteller: **Marktplaats B.V.**
Preis: **kostenlos**
Android-Version: **ab 6.0**

Anhand des eigenen Standorts findet man auf dem meistbesuchten Kleinanzeigenportal Deutschlands immer wieder Schnäppchen. Die App von *eBay Kleinanzeigen* macht es einfach, selbst eine Anzeige einzustellen: Kategorie auswählen, kurze Beschreibung eingeben, Foto machen, fertig!

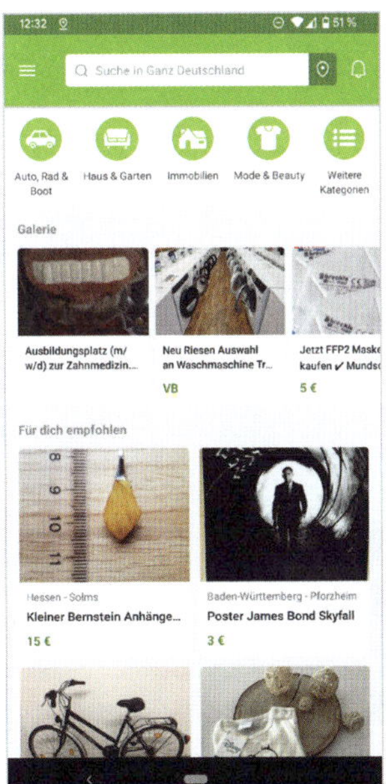

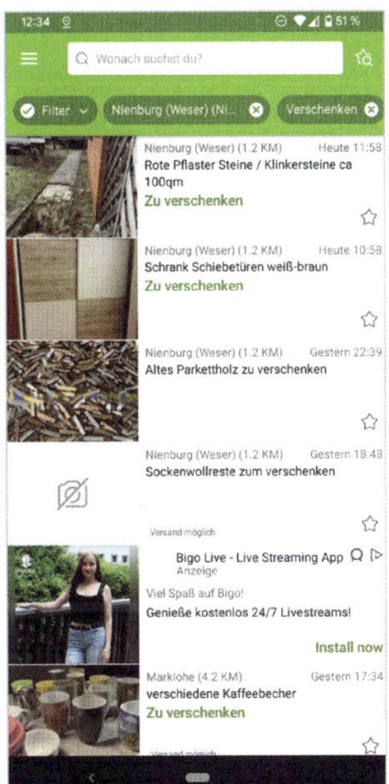

Gebrauchte Schnäppchen in der direkten Umgebung

G Pay

Hersteller: **Google LLC**
Preis: **kostenlos**
Android-Version: **ab 5.0**

G Pay, der Bezahldienst von Google, wird inzwischen auch in Deutschland angeboten und von immer mehr Läden akzeptiert, u. a. Aldi, Lidl, Kaufland, MediaMarkt und Saturn. Die App ist auf vielen modernen Smartphones bereits vorinstalliert. Um bezahlen zu können, müssen Sie mindestens eine Kreditkarte hinzufügen. Diese können Sie direkt aus der App fotografieren oder die Daten manuell eingeben. Zusätzlich können Kundenkarten von Bonusprogrammen sowie Geschenkkarten verschiedener Anbieter in der App gespeichert und genutzt werden.

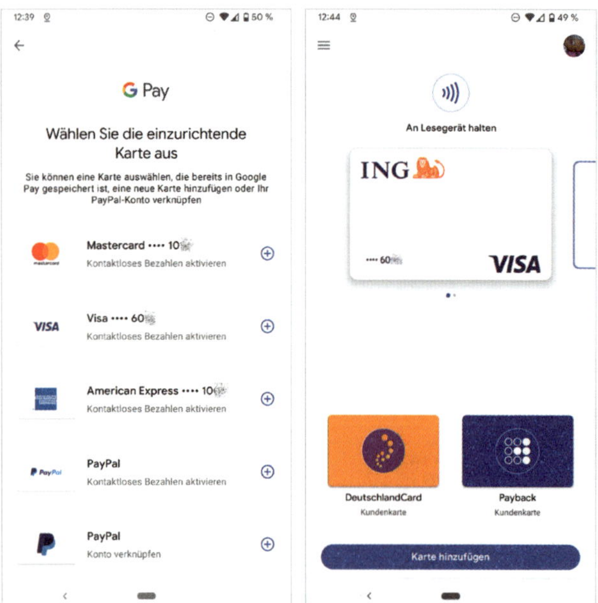

Kreditkarten und Kundenkarten auf dem Smartphone

PayPal

Hersteller: **PayPal Mobile**
Preis: **kostenlos**
Android-Version: **ab 5.0**

Mit der PayPal-App hat man jederzeit den Überblick über die eigenen PayPal-Zahlungen. Außerdem kann man unterwegs ganz einfach und gebührenfrei Geld an Familie oder Freunde schicken.

Payback

Hersteller: **Payback**
Preis: **kostenlos**
Android-Version: **ab 5.0**

Die Payback-App zeigt jederzeit den persönlichen Punktestand bei dem bekannten Bonusprogramm. Auf einer Karte findet man die nächsten Läden, die Payback anbieten. Dazu bietet die App Coupons für Extrapunkte zum Einlösen an den Kassen an. Die Funktion *Payback Pay* ermöglicht es, direkt mit der App in vielen Läden zu bezahlen.

viacash Store Finder

Hersteller: **viafintech GmbH**
Preis: **kostenlos**
Android-Version: **ab 5.0**

Wer keine Kreditkarte hat oder bei einem bestimmten Onlinehändler keine Zahlungsdaten hinterlegen möchte, kann Einkäufe aus vielen Onlineshops mittlerweile bar bezahlen. Im Onlineshop druckt man dazu einen Beleg aus, mit dem man in einer viacash-Partnerfiliale mit Bargeld bezahlt. Die App zeigt viacash-Partner in der Nähe mit Öffnungszeiten und Routenplanung.

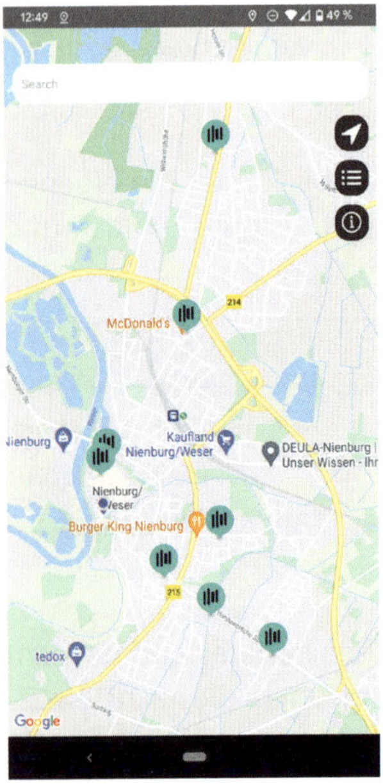

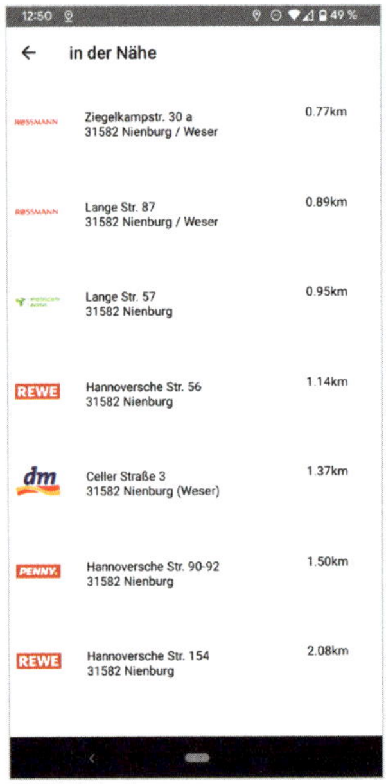

viacash-Partnerfilialen in der Umgebung finden

barcoo

Hersteller: **Offerista Group GmbH (barcoo)**
Preis: **kostenlos**
Android-Version: **ab 6.0**

Auf fast jeder Verpackung, die in einem Ladenregal steht, befindet sich ein Strichcode, mit dem kaum ein Kunde etwas anfangen kann. Dabei lassen sich über diesen EAN-Code, der jedes Produkt eindeutig kennzeichnet, vielfältige Informationen herausbekommen. *barcoo* bietet schnellen Zugriff auf unabhängige Daten zu Produkten in Läden – unterwegs und überall. Einfach im Laden das Smartphone vor den Barcode eines Produktes halten, und schon gibt es Testberichte oder auch Infos darüber, wo es dieses Produkt zu einem günstigeren Preis gibt.

Amazon Shopping

Hersteller: **Amazon Mobile LLC**

Preis: **kostenlos**

Android-Version: **ab 8.0**

Die Amazon-Shopping-App bietet Zugriff auf das gesamte Angebot von Amazon. Mit einem integrierten Barcode Scanner können Sie die Verfügbarkeit jedes Artikels, den Sie im Haushalt haben oder irgendwo sehen, bei Amazon prüfen. Zusätzlich zeigt die App den persönlichen Wunschzettel sowie eine Sendungsverfolgung aller bestellten Artikel.

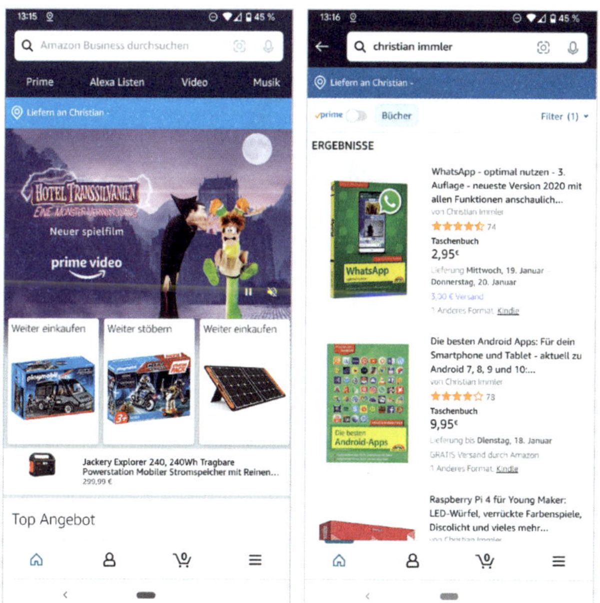

Einkaufen mit der Amazon-Shopping-App

Wish

Hersteller: **Wish Inc.**
Preis: **kostenlos**
Android-Version: **ab 5.0**

Das Shoppingportal Wish bietet dank Direktversand aus China deutlich günstigere Preise als europäische Läden.

Von Elektronik über Haushaltsartikel bis hin zu Mode ist hier alles zu finden, wenn man Versandzeiten von mehreren Wochen in Kauf nimmt.

Wish bietet eine breite Produktpalette und Direktimport aus China

12. Ernährung, Gesundheit und Fitness

Kochbuch-Apps bieten weit mehr Rezepte als gedruckte Kochbücher und man hat sie immer dabei, wenn es z. B. darum geht, eine Party vorzubereiten.

Auch im Alltag, bei Fitnessaktivitäten und medizinischen Fragen kann ein Smartphone nützlicher sein als ein PC.

Ernährung

Chefkoch

Hersteller: **Chefkoch GmbH**
Preis: **kostenlos (In-App-Käufe)**
Android-Version: **ab 5.0**

Das Portal chefkoch.de bietet eine riesige Auswahl von über 320.000 deutschsprachigen Kochrezepten, die sich nach verschiedenen Kriterien filtern lassen.

Die persönlichen Lieblingsrezepte lassen sich auf dem PC speichern und auf dem Smartphone wiederfinden, um im Geschäft direkt eine Einkaufsliste zur Verfügung zu haben.

In der App lassen sich persönliche Suchen speichern, um jeden Tag neue Rezepte nach dem Lieblingsgeschmack oder zu bestimmten Themen zu finden.

Ein einfacher Rechner passt die Zutatenmengen an eine beliebige Zahl von Portionen an.

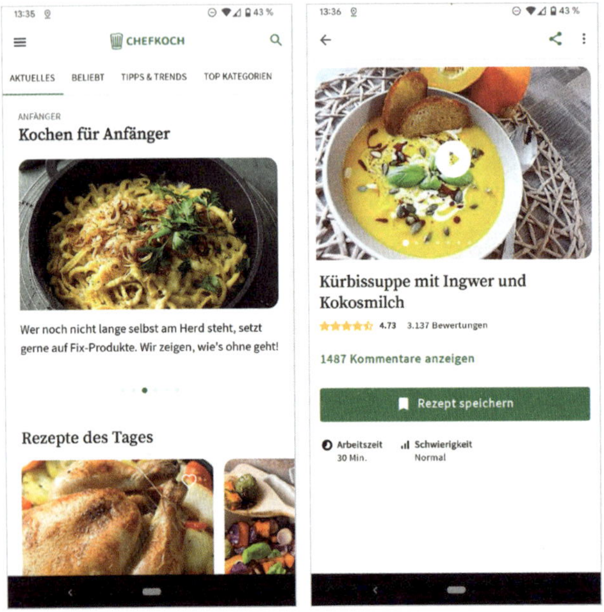

Die größte Koch-Community auch auf dem Smartphone

Eieruhr mit Livebild

Hersteller: **GermanFSD**
Preis: **kostenlos**
Android-Version: **ab 5.0**

Sicher kennen Sie das Problem: Ein Drei-Minuten-Frühstücksei ist mal zu hart und mal zu weich, selbst wenn man die Uhr genau stellt. Die App *Eieruhr mit Livebild* liefert die ideale Lösung für dieses Problem. Sie berechnet die genaue Kochzeit für jedes Ei und den gewünschten Härtegrad. Die Eieruhr berücksichtigt die Größe und die Temperatur des Eis und ob dieses aus dem Kühlschrank kommt oder in der Küche liegt. Aus der aktuellen GPS-Position des Smartphones wird die Höhe über dem Meeresspiegel berechnet, die den Siedepunkt des Wassers beeinflusst. Die Eieruhr startet, sobald das Ei im kochenden Wasser liegt. Jetzt wird ein Livebild angezeigt, wie das Ei gerade aussieht. Am Ende ertönt ein Alarm, sodass das Ei rechtzeitig aus dem Wasser geholt werden kann.

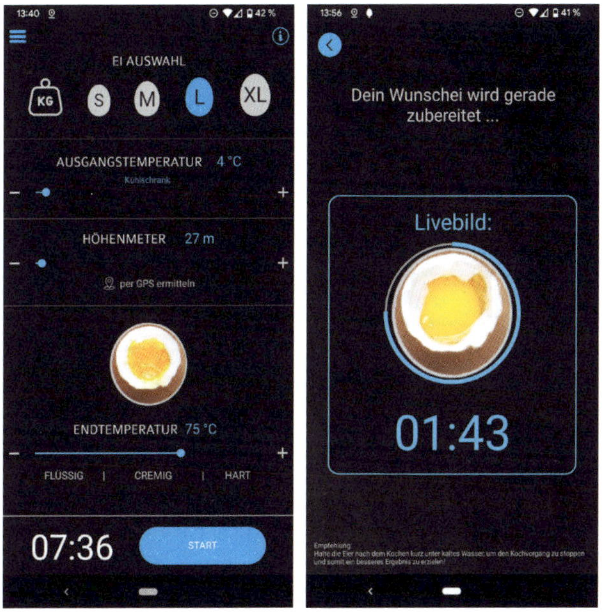

Genaue Kochzeit eines Eis berechnen

Wellness, Gesundheit und Medizin

Notfallinformationen auf dem Smartphone

Früher gab es diverse Apps, die persönliche Notfallinformationen speichern konnten, aber von einem Helfer erst einmal gefunden werden mussten. Mittlerweile bietet Android selbst die Möglichkeit, über die *Einstellungen* hinter dem Notrufsymbol auf dem Sperrbildschirm eigene Daten zu hinterlegen.

Befindet man sich selbst in einer Notlage und findet ein Ersthelfer vor Ort das Smartphone, kann er über die vorher vom Nutzer eingegebene Kontaktliste Angehörige kontaktieren, auch wenn das Smartphone per PIN, Bildschirmgeste oder Fingerabdruck gesperrt ist. Weiterhin können lebensrettende Informationen wie die Blutgruppe oder wichtige Medikamente hinterlegt werden.

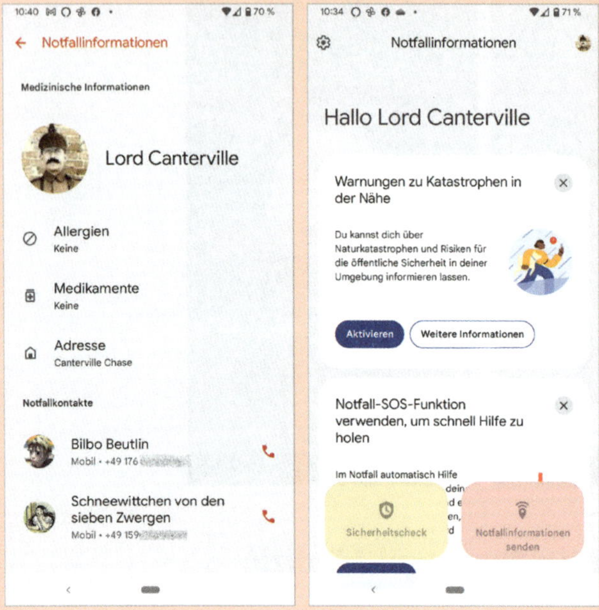

Notfallinformationen in den Einstellungen von Android 12 eintragen

ASB App – Erste Hilfe im Notfall

Hersteller: **ASB Bonn/Rhein-Sieg/Eifel e.V.**

Preis: **kostenlos**

Android-Version: **ab 4.4**

In Notfallsituationen zählt jede Sekunde. Die meisten von uns erinnern sich wahrscheinlich nicht mehr an jede Erste-Hilfe-Maßnahme aus dem oft lange zurückliegenden Kurs während der Fahrschule.

Dabei ist es gerade bei Unfällen wichtig, schnell zu handeln. Diese App zeigt übersichtlich die wichtigsten Vorgehensweisen in Notfällen.

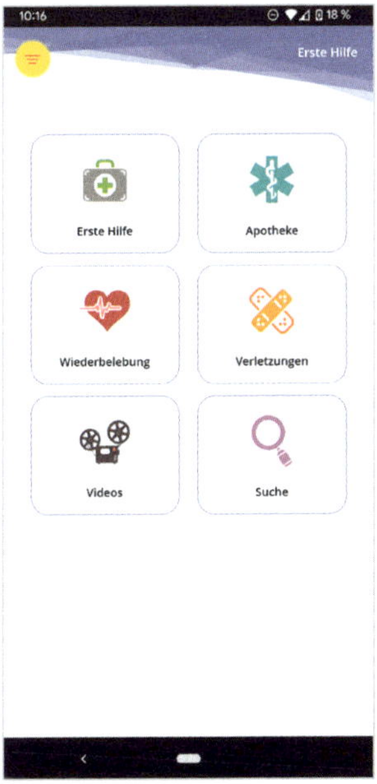

Informationen zur Ersten Hilfe

In Ruhe ansehen

Sehen Sie sich die App lieber in einer ruhigen Stunde ausführlich an, als sich in einer Notsituation darauf zu verlassen, nachschlagen zu können.

Plant Nanny

Hersteller: **Fourdesire**
Preis: **kostenlos (In-App-Käufe)**
Android-Version: **ab 5.0**

Jeden Tag ausreichend Wasser zu trinken, ist für eine gute Gesundheit wichtig. *Plant Nanny* erinnert auf spielerische Weise daran.

Durch einfaches Antippen in der App markiert man jedes getrunkene Glas Wasser und bewässert damit seine Pflanzen.

So kann man Pflanzen sammeln, wertvolle Boni erhalten und diese zum Einkauf von neuem Saatgut und Blumentöpfen einsetzen.

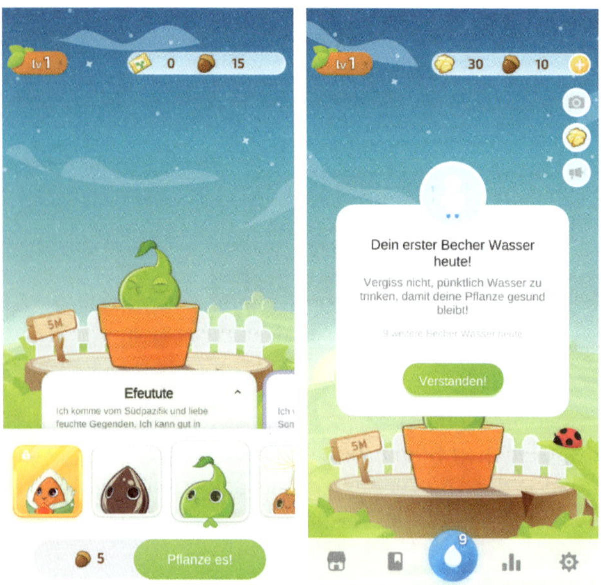

Beim Trinken Pflanzen bewässern und züchten

Perioden-Tagebuch

Hersteller: **Living Better**
Preis: **kostenlos (In-App-Käufe)**
Android-Version: **ab 4.1**

Ein übersichtlicher Perioden-Kalender hilft Frauen, ihre Periode zu planen. Fruchtbare und unfruchtbare Tage können vorausberechnet werden.

Wer es genau wissen will, kann auch gemessene Basaltemperaturen und verschiedene Symptome und Ereignisse festhalten.

Sie können die App auch als Tagebuch nutzen. Und damit die wichtigen Daten nicht verloren gehen, können Sie ein Backup sichern und den Zugriff zur App mit einer PIN schützen.

Toiletten in der Nähe

Hersteller: **Positive Infinity**
Preis: **kostenlos (In-App-Käufe)**
Android-Version: **ab 5.0**

Diese App findet schnell und unkompliziert öffentliche und andere Toiletten in der Nähe des aktuellen Standorts oder an einer beliebigen anderen Adresse.

Es werden auch diverse Toiletten in Restaurants angezeigt. Hier ist die Benutzung allerdings oftmals nur kostenlos, wenn man im Lokal etwas isst oder trinkt.

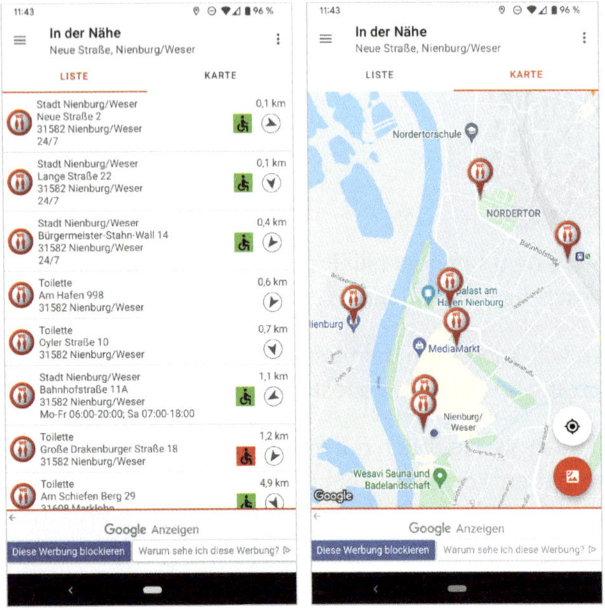

Öffentliche Toiletten finden und bewerten

Fitness und Sport

Google Fit

Hersteller: **Google LLC**

Preis: **kostenlos**

Android-Version: **ab 7.0**

Google Fit motiviert zu mehr Bewegung im Alltag. Jeden Tag mindestens eine Stunde Bewegung oder auch andere persönliche Ziele können gesetzt werden. Im Nachhinein kann man den täglichen Aktivitätsverlauf verfolgen. Die App eignet sich auch dazu, Radtouren oder Laufstrecken per GPS zu tracken und später auszuwerten.

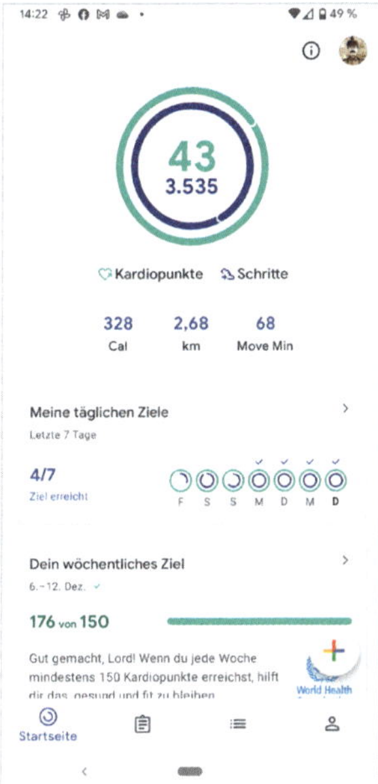

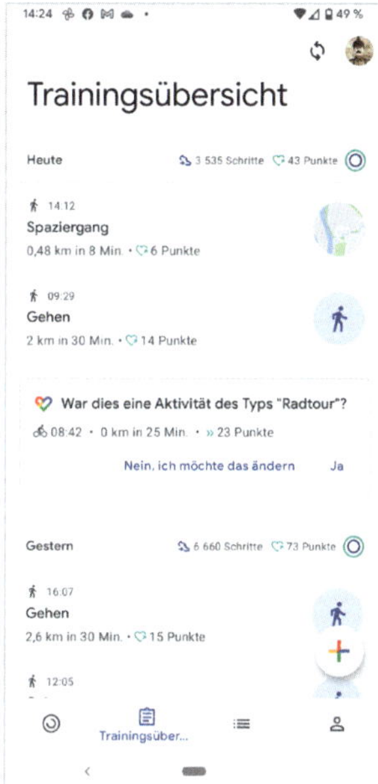

Tägliche Aktivitäten mit Google Fit

Standortverwendung aktivieren

Damit *Google Fit* bei aufgezeichneten Aktivitäten eine Übersichtskarte anzeigt, müssen Sie auf der Seite *Profil* über das *Einstellungen*-Symbol oben den Schalter *Standort verwenden* aktivieren und die Standortnutzung dauerhaft – nicht nur bei Verwendung der App – einschalten.

Dann können auch Aktivitäten jederzeit im Hintergrund erfasst werden, ohne die App aufrufen zu müssen.

7-Minuten-Training

Hersteller: **Simple Design Ltd.**
Preis: **kostenlos (In-App-Käufe)**
Android-Version: **ab 4.4**

Die besten Übungen für ganz gewöhnliche Menschen, mit denen man jederzeit überall trainieren kann; man braucht nur sieben Minuten dazu. Die App basiert auf dem High-Intensity Circuit Training, das als sehr effektive Methode zur Steigerung der Fitness gilt.

Das Training besteht aus zwölf Übungen und dauert insgesamt etwa sieben Minuten. Sie können auch einzelne Übungen abbrechen oder überspringen, und Sie haben die Möglichkeit, die Trainings- und Ruhezeit ganz nach Ihren Bedürfnissen einzustellen.

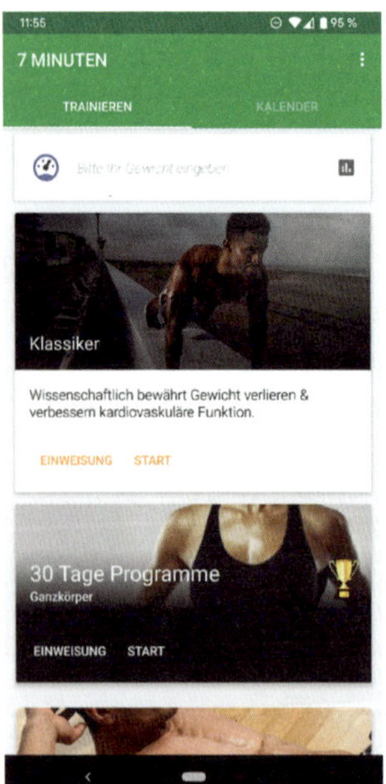

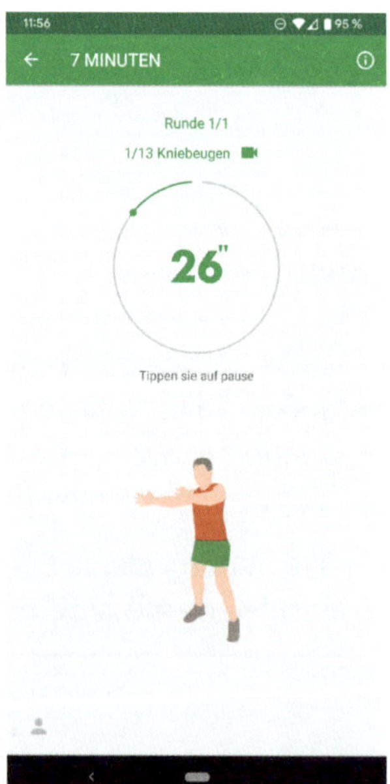

Das tägliche 7-Minuten-Training mit App-Unterstützung

Komoot

Hersteller: **komoot GmbH**
Preis: **kostenlos (In-App-Käufe)**
Android-Version: **ab 7.0**

Komoot ist ein Routenplaner für Mountainbike-Fahrer und Wanderer. Die Routen können abseits der Straßen durchs Gelände führen und werden per GPS exakt aufgezeichnet, um sie später auswerten, kommentieren und teilen zu können.

Schon vor der Tour macht *Komoot* Vorschläge, um die Route anhand von Wegbeschaffenheit, Schwierigkeit, Distanz und Höhenmetern perfekt zu planen.

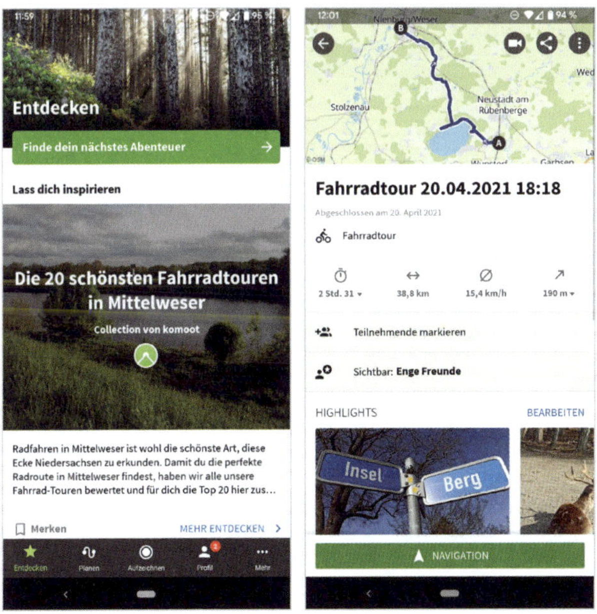

Radtouren und Wanderungen planen und aufzeichnen

Wadlbeißer

Hersteller: **Marco Pfattner**
Preis: **kostenlos**
Android-Version: **ab 6.0**

Wadlbeißer macht aus dem Smartphone einen Fahrradcomputer. Per GPS werden Geschwindigkeit, Strecke und Richtung angezeigt, ebenso durchschnittliche und maximale Geschwindigkeit, Tages- und Gesamtentfernung, Fahrzeit und Gesamtzeit sowie überwundene Höhenmeter.

Gefahrene Touren lassen sich als GPS-Tracks aufzeichnen, um sie später zu Hause auszuwerten.

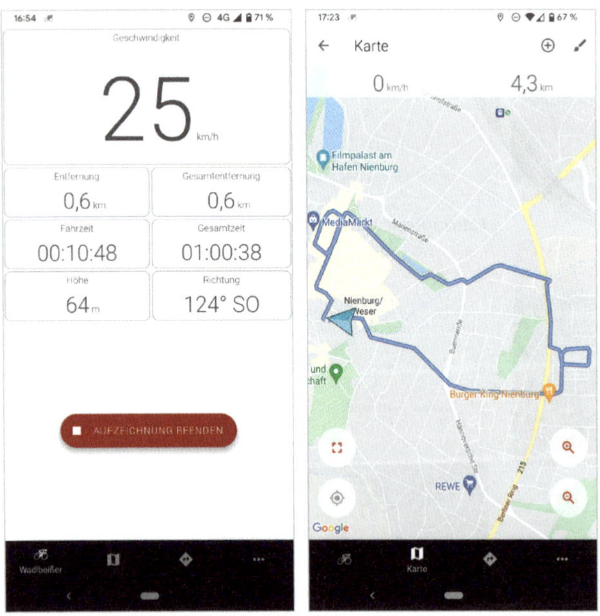

Das Smartphone als Fahrradcomputer

c:geo

Hersteller: **c:geo Team**
Preis: **kostenlos**
Android-Version: **ab 5.0**

Geocaching ist die moderne Form der Schnitzeljagd. Überall auf der Welt sind meist belanglose Gegenstände in sogenannten Caches – eine Art moderne Schatztruhen – versteckt. Zu jedem Cache gibt es eine rätselhafte Anleitung zum Finden. Die App *c:geo* greift auf die bekannte Geocache-Datenbank geocaching.com zu und bietet alles, was das Schatzsucherherz begehrt: Cache-Liste, Kartenansicht mit nahe gelegenen Caches und eine detaillierte Beschreibung teilweise mit Hintergrundinformationen und Bildmaterial. Der integrierte Kompass hilft beim Einschlagen der richtigen Richtung.

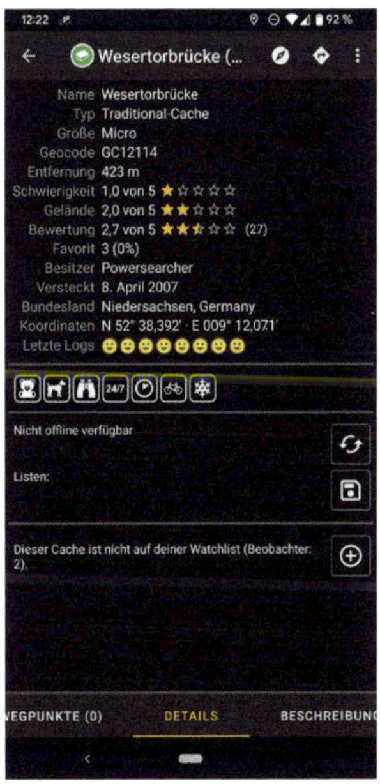

Geocaching auf dem Smartphone

Offline Survival Manual

Hersteller: **ligi**
Preis: **kostenlos**
Android-Version: **ab 4.0**

Die amerikanische Armee gibt ihren Soldaten ein Überlebenshandbuch zur Hand, das auch für so manchen Extrem-Outdoor-Sportler interessant sein kann, wenn es darum geht, sich anhand von Mond und Sternen zurechtzufinden, draußen Feuer zu machen und Nahrung aus der Natur zu finden. Ausführlich, aber nur in Englisch, werden auch die notwendige Ausrüstung und Vorbereitung eines längeren Außeneinsatzes beschrieben. Die App läuft komplett offline, da draußen im Gelände nicht immer ein Mobilfunknetz verfügbar ist. Die Kapitel über gefährliche Schlangen und Insekten sowie zum Überleben im ABC-Fall wird man eher selten brauchen.

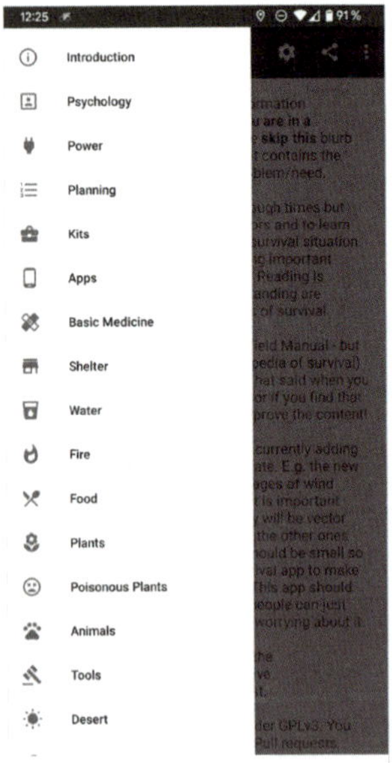

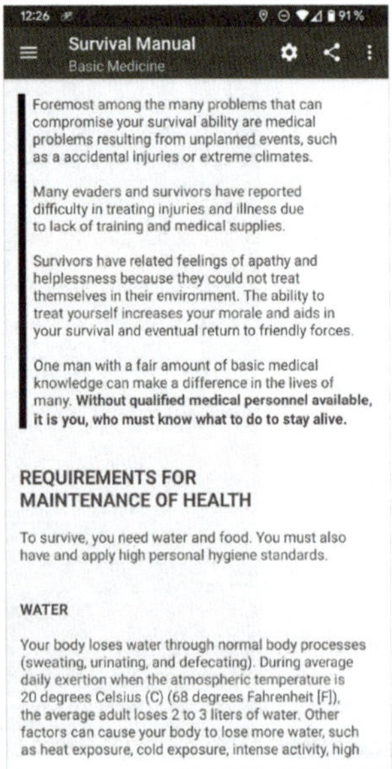

Das Überlebenshandbuch der amerikanischen Armee

13. Büro und Finanzen

In den Anfangszeiten der Smartphones waren es im Wesentlichen Geschäftsleute, die diese Geräte nutzten. Heute sieht es anders aus, das Smartphone ist ein alltäglicher Begleiter der mobilen Internetgeneration.

Dennoch gibt es immer noch nützliche Apps für büroähnliche Funktionen auf den mobilen Taschencomputern, sodass Sie auch jederzeit unterwegs Zugriff auf Ihre Texte und Kalkulationen haben.

Office – Textverarbeitung und Tabellenkalkulation

Google Docs

Hersteller: **Google LLC**
Preis: **kostenlos**
Android-Version: **ab 5.0**

Die Textverarbeitung *Google Docs* beinhaltet alle wichtigen Funktionen einer Textverarbeitung. Damit lassen sich Dokumente auf Google Drive wie auch lokal auf dem Smartphone gespeicherte Word-Dokumente bearbeiten. Mit dem Kontakte-Symbol geben Sie das Dokument für andere Personen frei. Dabei können Sie diesen Personen verschiedene Rechte für das Dokument einräumen: nur anzeigen, kommentieren oder sogar bearbeiten.

Google Tabellen

Hersteller: **Google LLC**
Preis: **kostenlos**
Android-Version: **ab 5.0**

Die Tabellenkalkulation *Google Tabellen* unterstützt fast alle Formeln sowie Sortier- und Filterfunktionen aus Excel. Um Felder zu bearbeiten, tippen Sie in die betreffende Zelle. Jetzt erscheint ein Bearbeitungsfeld am unteren Bildschirmrand. Nach der Bearbeitung der Werte wird die Tabelle automatisch neu berechnet. Sie können neue Tabellen erstellen, bereits vorhandene bearbeiten, und natürlich ist es auch möglich, Tabellen für andere Personen freizugeben.

Microsoft Word

Hersteller: **Microsoft Corporation**
Preis: **kostenlos (In-App-Käufe)**
Android-Version: **ab 6.0**

Microsoft liefert eine vereinfachte Form von Microsoft Office für Android, mit der sich Dokumente auf dem Smartphone lesen und auch bearbeiten lassen. Über die Office-Apps können Sie gleichermaßen auf lokal auf dem Smartphone gespeicherte Dateien wie auch auf Dokumente auf One-Drive zugreifen. Auf diese Weise können Sie ganz einfach Ihre Dokumente vom PC auf dem Smartphone bearbeiten, Sie brauchen sie nur zu Hause in den persönlichen OneDrive-Ordner zu legen und haben dann unterwegs jederzeit Zugriff darauf. Beim ersten Start der Office-Apps müssen Sie sich dazu einmal mit Ihrem Microsoft-Konto anmelden, da einige Funktionen ein Microsoft-365-Abonnement voraussetzen und Sie sich damit außerdem bei OneDrive identifizieren.

Zusätzlich ist es auch möglich, lokal gespeicherte Dokumente aus den Office-Apps heraus als E-Mail Anhang im DOCX- oder PDF-Format zu verschicken. In der Textverarbeitung *Word* stehen einfache Bearbeitungsfunktionen zur Verfügung, um schnell an einem Text etwas zu korrigieren oder Schrift und Farbe zu ändern. Änderungen am Text werden standardmäßig automatisch gespeichert. Fortgeschrittene Funktionen wie Verknüpfungen, Index oder auch den Überarbeitungsmodus sucht man dagegen vergebens.

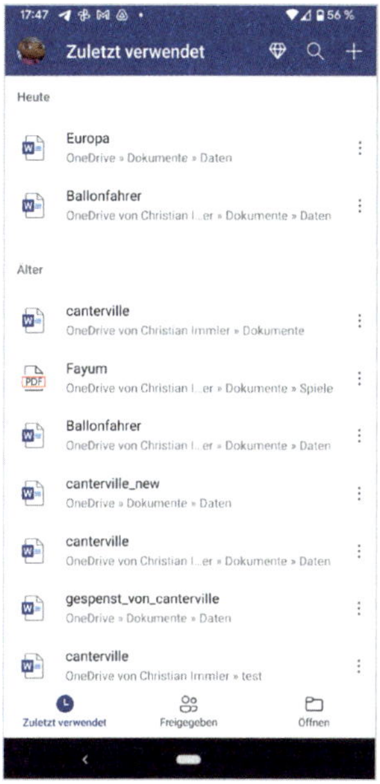

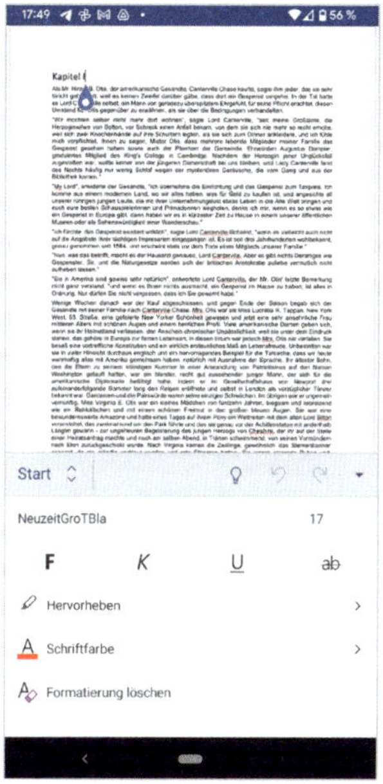

Textansicht und Formatierungen in der Word-App für Android

Microsoft Excel

Hersteller: **Microsoft Corporation**

Preis: **kostenlos (In-App-Käufe)**

Android-Version: **ab 6.0**

Microsoft liefert für Android auch eine Tabellenkalkulation, mit der Sie Excel-Tabellen anzeigen und bearbeiten können. Die Bedienung und auch die Syntax der Funktionen in *Excel für Android* entsprechen denen der PC-Version. Tippen Sie oben links auf das Symbol *fx*, wird eine Liste aller verfügbaren Funktionen angezeigt. Enthält eine Tabelle Funktionen, die von der mobilen Version nicht unterstützt werden, kann die Tabelle nur angezeigt, aber nicht bearbeitet werden, damit keine Inhalte verloren gehen.

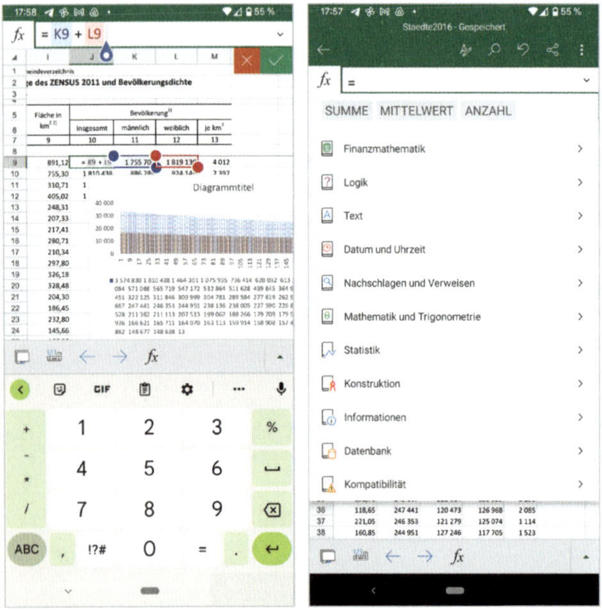

Die Tabellenkalkulation Excel für Android

Dropbox Paper

Hersteller: **Dropbox, Inc.**
Preis: **kostenlos**
Android-Version: **ab 6.0**

Dropbox Paper ermöglicht die Zusammenarbeit eines Teams an Dokumenten. Diese können auch Bilder, Programmcode, Audio oder Video enthalten. Mehrere Personen können an einem Projekt arbeiten und auch Kommentare dazu abgeben.

Über die App bleibt man unterwegs auf dem Laufenden. *Dropbox Paper* steht Nutzern von Dropbox kostenlos zur Verfügung.

Taschenrechner

RealCalc Scientific Calculator

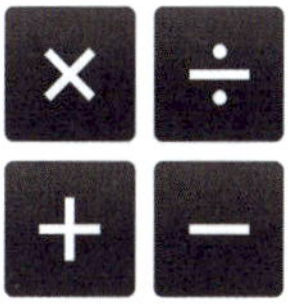

Hersteller: **Quartic Software**
Preis: **kostenlos (In-App-Käufe)**
Android-Version: **ab 5.0**

Der *RealCalc Scientific Calculator* ist ein wissenschaftlicher Taschenrechner, der jede Menge Funktionen bietet und auch im Design an die Zeit vor den Smartphones angelehnt ist, als Taschenrechner noch echte Tasten hatten. Wer gern im RPN-Modus mit umgekehrt polnischer Notation arbeitet, schaltet den Rechner auf diese Betriebsart um. Sehr nützlich sind die zahlreichen Einheiten-Umrechnungsformeln, die im *RealCalc Scientific Calculator* über die Tasten *SHIFT+CONV* integriert sind.

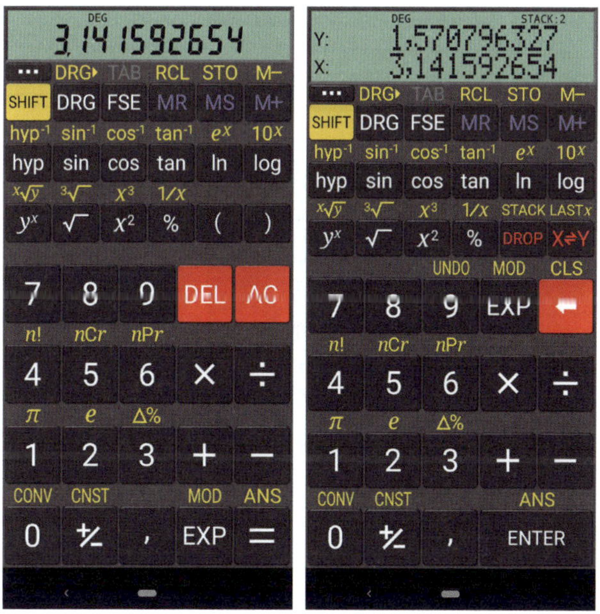

Der RealCalc Scientific Calculator mit klassischer Taschenrechnertastatur und im RPN-Modus

In übersichtlichen Listen finden Sie Maßeinheiten für Länge, Fläche, Volumen, Masse, Zeit, Energie, Temperatur und diverse andere Größen, in die der aktuell errechnete Wert mit wenigen Klicks umgerechnet wird.

Grafikrechner + Math

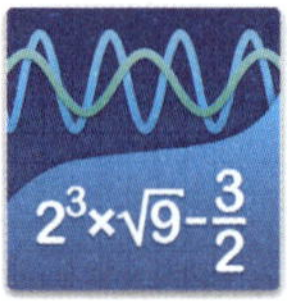

Hersteller: **Mathlab Apps, LLC**
Preis: **kostenlos (In-App-Käufe)**
Android-Version: **ab 5.0**

Ein wissenschaftlicher Taschenrechner, der nicht nur selbst komplizierte wissenschaftliche Formeln mit hoher Genauigkeit berechnet, sondern auch den Rechenweg der Formeln ausführlich darstellt. Die zusätzlich enthaltene Plotfunktion zeigt Funktionsgraphen im 2D- oder 3D-Koordinatensystem an.

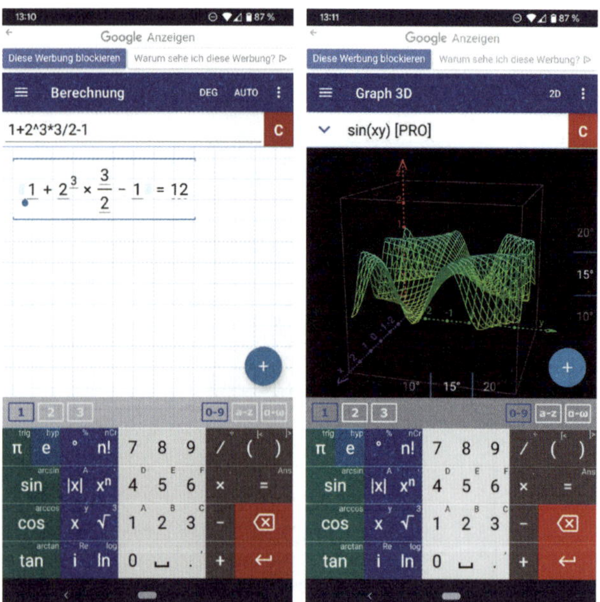

Grafischer Taschenrechner mit Funktionsplotter

Bruchrechner Plus

Hersteller: **Digitalchemy, LLC**
Preis: **kostenlos (In-App-Käufe)**
Android-Version: **ab 5.0**

Ein Taschenrechner eigens für die Bruchrechnung. Auf der dreigeteilten Tastatur lassen sich Brüche besonders einfach eingeben. Die Brüche werden bei der Berechnung automatisch gekürzt. Ein Notizzettel zeigt die einzelnen Rechenschritte an.

Photomath

Hersteller: **Photomath, Inc.**
Preis: **kostenlos (In-App-Käufe)**
Android-Version: **ab 5.0**

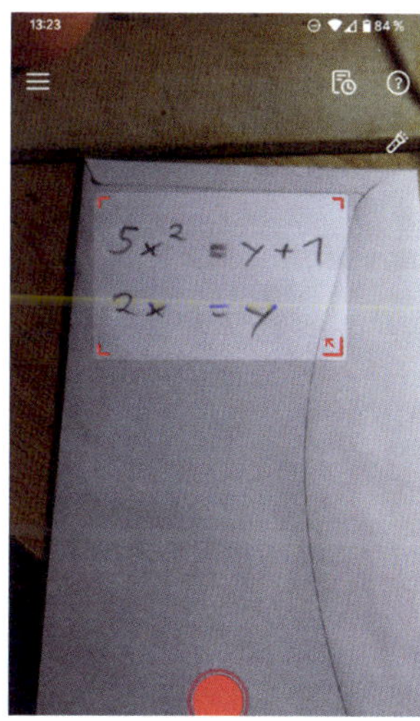

Fotografieren Sie eine handschriftlich geschriebene mathematische Gleichung – *Photomath* löst sie auf und zeigt dabei auch die Berechnungsschritte an.

Zusätzlich können Gleichungen auch direkt auf dem Gerät eingegeben werden. Neben einfachen Gleichungen lassen sich auch quadratische Gleichungssysteme und Ableitungen berechnen sowie Funktionsgraphen anzeigen.

14. Systemtools und Tuning

Seit dem ersten PC erfreuen sich vielfältige Systemtools bei Freaks ungebremster Beliebtheit. Android-Smartphones lassen sich mit den geeigneten Apps an vielen Ecken tunen – und das noch viel mehr als Smartphones anderer Plattformen, da Android den Entwicklern weitreichende Freiheiten im Zugriff auf Systemkomponenten gewährt.

Mein Gerät

Hersteller: **3k Developers**
Preis: **kostenlos**
Android-Version: **ab 4.4**

Mit den betriebssystemeigenen Funktionen ist es nicht immer möglich, technische Details über das verwendete Smartphone herauszufinden. Die App *Mein Gerät* zeigt bis ins letzte Detail Hardwareausstattung, Betriebssystem, belegten und freien Speicher, Netzwerkverbindung, verfügbare Sensoren und diverse weitere technische Daten des Smartphones an.

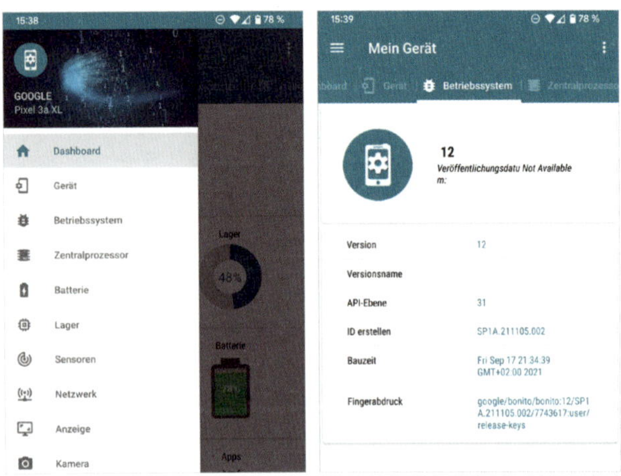

Alle technischen Daten des Smartphones in einer übersichtlichen App

Gboard

Hersteller: **Google LLC**
Preis: **kostenlos**
Android-Version: **ab 8.0**

Manche Smartphone-Hersteller ersetzen die Standardtastatur durch eine eigene mit meist weniger Funktionen. Google bietet die Android-Standardtastatur *Gboard* zum Download an.

Diese bringt Unterstützung für mehrere Sprachen, Wischgesten statt Tippen, Handschrifteingabe, Emojis und ein eingebautes Suchfeld auf der Tastatur.

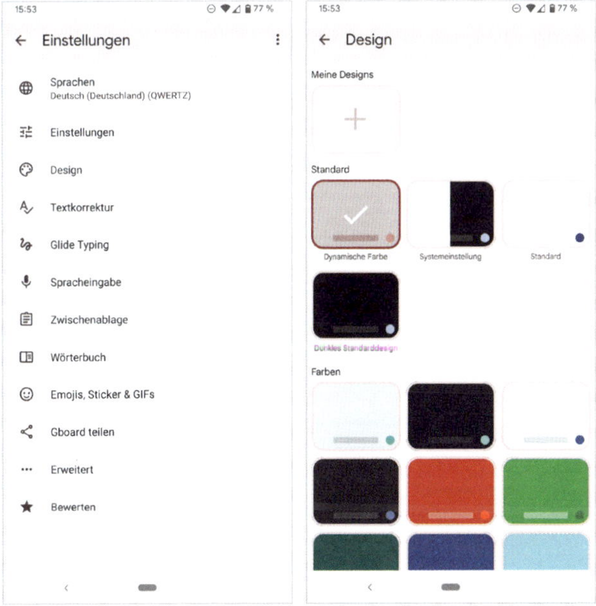

Die Google-Tastatur Gboard bietet weitreichende Einstellungsmöglichkeiten

Automate

Hersteller: **LlamaLab**

Preis: **kostenlos (In-App-Käufe)**

Android-Version: **ab 4.0**

Mitten in der Nacht oder am Arbeitsplatz soll das Smartphone nicht klingeln – okay, nachts darf die Freundin anrufen, aber außerhalb des eigenen Hauses soll das WLAN abgeschaltet werden, um Strom zu sparen. Zu Hause erscheint dafür keine Bildschirmsperre, hier ist ja niemand, der das Smartphone unbefugt anfassen könnte. Alle diese Einstellungen kann man jedes Mal beim Verlassen des Hauses oder Arbeitsplatzes oder zu bestimmten Tageszeiten per Hand vornehmen, oder man lässt die App *Automate* das automatisch erledigen. Dazu baut man in der App aus einfachen Elementen einen Ablaufplan zusammen.

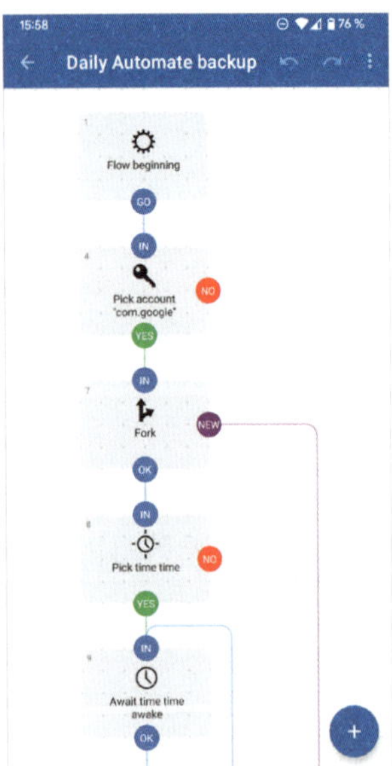

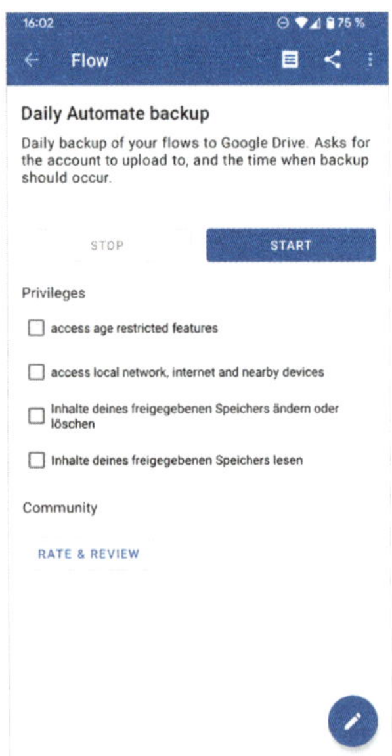

Automate automatisiert bestimmte Aktionen auf dem Smartphone je nach Gebiet und Zeit

Dateimanager

Was dem Android-Betriebssystem bis heute fehlt, ist ein leistungsfähiger vorinstallierter Dateimanager. Offenbar gingen die Entwickler der Plattform lange Zeit davon aus, dass Anwender sich für die einzelnen Dateien auf ihren Geräten nicht interessieren, früher heruntergeladene Dateien einfach wieder neu herunterladen und, wenn der Speicher voll ist, ein neues Smartphone kaufen. Einige Gerätehersteller installieren eigene Dateimanager-Apps vor, die unterschiedliche Fähigkeiten haben.

Firefox Aurora

Hersteller: **Google LLC**
Preis: **kostenlos**
Android-Version: **ab 5.0**

Der Dateimanager *Files von Google* bietet einen Überblick über alle Dateien auf dem Smartphone und der Speicherkarte. Eine komfortable Suche findet jede Datei schnell wieder. Zusätzlich gibt es Funktionen, um Datenmüll gründlich aufzuräumen und Dateien auf Google Drive zu sichern, die

Der sichere Ordner

Files von Google bietet einen sicheren Ordner an, in dem Sie Dateien ablegen können, die niemand sehen soll, der Ihr Smartphone zufällig in die Hand bekommt. Vor der ersten Verwendung des sicheren Ordners müssen Sie eine vierstellige PIN oder ein Sperrmuster festlegen, um auf diesen Ordner zugreifen zu können. Nun können Sie beliebige Dateien in den sicheren Ordner verschieben. Sie erscheinen dann nicht mehr in den Dateilisten. Für jeden Zugriff auf den sicheren Ordner benötigen Sie die PIN. Aus dem sicheren Ordner können Sie Dateien auf dem gleichen Weg über das Menü der Datei wieder an ihren ursprünglichen Speicherort zurück verschieben.

auf dem Smartphone lokal nicht mehr benötigt werden. Auf diese Weise hat man auch vom PC einfach Zugriff auf die Daten.

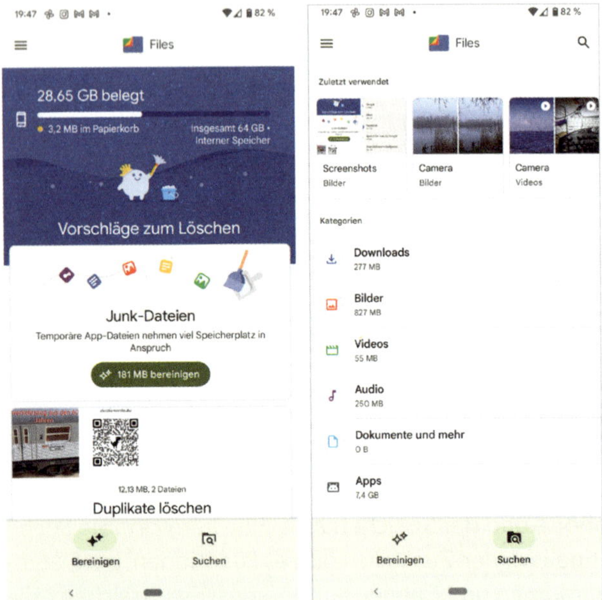

Dateimanager und Aufräum-App von Google

Total Commander

Hersteller: **C. Ghisler**
Preis: **kostenlos**
Android-Version: **ab 5.0**

Der *Total Commander* ist auf dem PC einer der beliebtesten und funktionsreichsten Dateimanager. Dieses Tool wird jetzt auch für Android angeboten und verfügt dort über einen ähnlichen Funktionsumfang, u. a. Kopieren, Verschieben und Umbenennen von Dateien, Zugriff auf Server und Netzwerklaufwerke, Packen und Entpacken in verschiedenen Formaten, zwei Fenster, konfigurierbare Symbolleisten und vieles mehr.

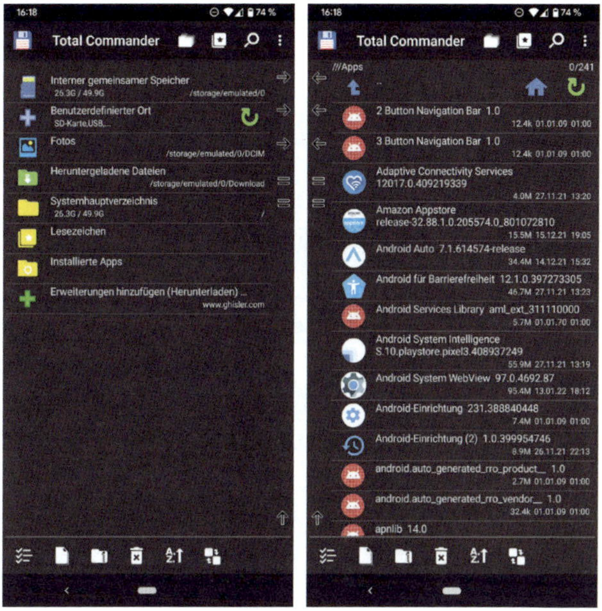

Der beliebte Dateimanager Total Commander auf Android

X-plore File Manager

Hersteller: **Lonely Cat Games**
Preis: **kostenlos (In-App-Käufe)**
Android-Version: **ab 5.0**

X-plore ist ein Dateimanager, der viele der Funktionen von Windows-Dateimanagern auf Android-Smartphones bringt. *X-plore* arbeitet mit zwei Fenstern, die verschiedene Verzeichnisansichten beinhalten können. Auf Smartphones schaltet man durch Antippen des Pfeilsymbols auf das jeweils andere Fenster um, Tablets und hochauflösende Smartphones im Querformat zeigen beide Fenster gleichzeitig auf dem Bildschirm an. Dateien lassen sich von einem Fenster ins andere kopieren, verschieben oder als ZIP-Archiv packen. Die beiden Fenster können frei eingestellt werden.

Dabei kann es sich um Verzeichnisse auf der Speicherkarte oder auch um Freigaben im lokalen Netzwerk oder FTP-Server handeln.

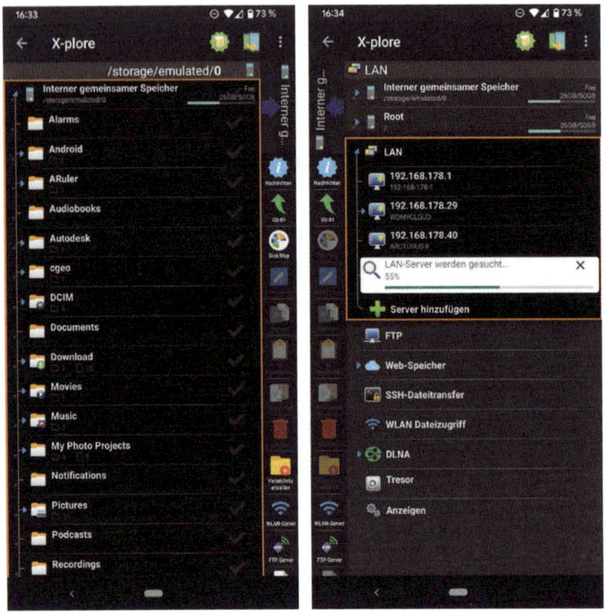

X-plore bietet Zugriff auf LAN, Cloud- und DLNA-Server

Cloud-Speicher

Google Drive

Hersteller: **Google LLC**
Preis: **kostenlos (In-App-Käufe)**
Android-Version: **ab 5.0**

Google bietet mit Google Drive (drive.google.com) allen Benutzern bis zu 15 GB kostenlosen Onlinespeicherplatz, der mit dem PC synchronisiert werden kann. Um Dokumente komplett offline zu nutzen, schalten Sie den

Schalter *Offline verfügbar* in den Details der Datei bei Google Drive ein. Diese Dateien werden immer offline mit dem Smartphone synchronisiert.

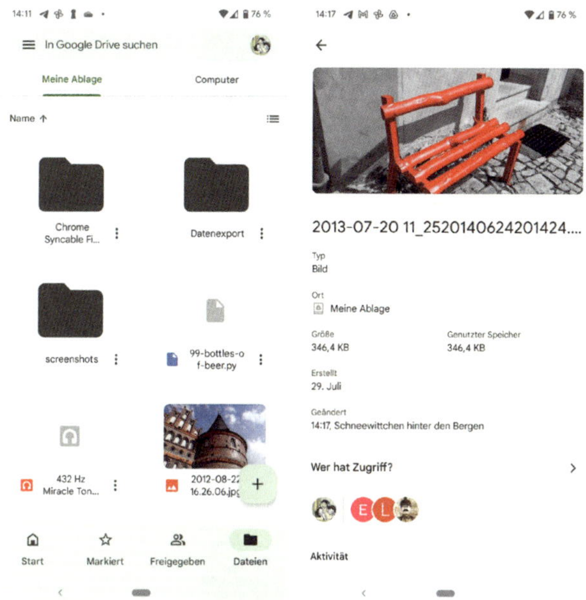

App zum Zugriff auf den Cloud-Speicher Google Drive

OneDrive

Hersteller: **Microsoft Corporation**
Preis: **kostenlos (In-App-Käufe)**
Android-Version: **ab 6.0**

Auch Microsoft bietet mit OneDrive (onedrive.live.com) eine Cloud-Speicherlösung an. Diese ist in Windows 10 und Windows 11 fest integriert. Zur Nutzung ist ein Microsoft-Konto erforderlich. Mit der passenden Android-App kann man auch vom Smartphone auf seine Dateien zugreifen und sie mit Freunden teilen. Bei der Aktivierung der automatischen Kamerasicherung bekommt man 15 GB zusätzlichen freien Speicherplatz auf OneDrive.

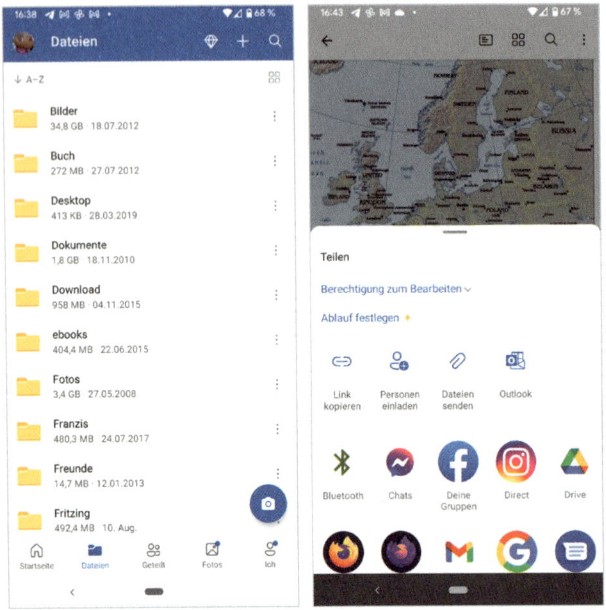

Microsofts Cloud-Speicher OneDrive auf einem Android-Smartphone

Dropbox

Hersteller: **Dropbox, Inc.**
Preis: **kostenlos (In-App-Käufe)**
Android-Version: **ab 6.0**

Dropbox (www.dropbox.com) war lange der bekannteste kostenlose Cloud-Speicherdienst. Die Dropbox-App bietet Zugriff auf alle eigenen Dropbox-Ordner sowie auf die von Freunden freigegebenen. Dateien können zur Offlineverwendung markiert werden und werden dann im Hintergrund auf das Smartphone heruntergeladen. Wie bei anderen Cloud-Speicherdiensten auch, können einzelne Dateien oder ganze Ordner über Links mit Freunden geteilt werden. Bei der Einrichtung der Dropbox-App können Sie festlegen, dass neue Fotos vom Smartphone automatisch in das Verzeichnis *Mobilgeräte-Uploads* Ihrer persönlichen Dropbox hochgeladen werden sollen. Wählen Sie, um Datenvolumen Ihres Internettarifs zu sparen, die Option *Nur über WLAN*.

Dropbox-Bonus und Einschränkungen

Dropbox stellt jedem Nutzer 2 GB kostenlosen Speicherplatz zur Verfügung. Melden Sie sich bei Dropbox über den Link bit.ly/3GvZFxT an, bekommen Sie zusätzliche 500 MB Willkommensbonus. Dropbox lässt nur noch drei Geräte gleichzeitig für ein kostenloses Benutzerkonto zu, was den Nutzen dieses Cloud-Speichers erheblich einschränkt.

Seit dieser Änderung funktioniert der automatische Upload von Fotos vom Smartphone auch nur noch, wenn Dropbox auf mindestens einem PC zur automatischen Synchronisation eingerichtet ist.

MEGA

Hersteller: **MEGA Ltd.**
Preis: **kostenlos (In-App-Käufe)**
Android-Version: **ab 5.0**

Im Gegensatz zu allen anderen vergleichbaren Diensten werden die Daten beim Cloud-Speicherdienst *MEGA* (mega.nz) auf den Geräten der Anwender verschlüsselt und entschlüsselt. Sie liegen also immer in verschlüsselter Form auf den Cloud-Servern.

Da auch die Dateilisten und Verzeichnisse verschlüsselt sind, dauert der erste Start der App etwas länger. Wie bei den anderen Diensten ist auch hier die Freigabe von Dateien an Freunde über Links direkt aus der App möglich.

Tools für WLAN und Mobilfunk

WiFi Analyzer

Hersteller: **VREM Software Development**
Preis: **kostenlos**
Android-Version: **ab 4.1**

WiFi Analyzer findet WLANs in der Nähe und zeigt deren Kanäle sowie Signalstärke an. Läuft man mit dem *WiFi Analyzer* durchs Haus oder auch draußen durch die Straßen, lassen sich die Ausbreitungsbedingungen der verschiedenen WLANs gut ermitteln. Auch beim Aufstellen des eigenen Routers kann diese App eine Hilfe sein. Wählen Sie den Kanal eines neuen WLAN-Routers immer so, dass möglichst viel Abstand zu den WLANs der Nachbarn besteht.

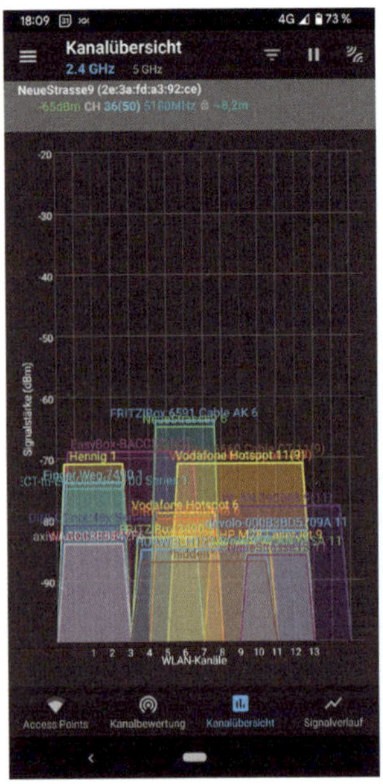

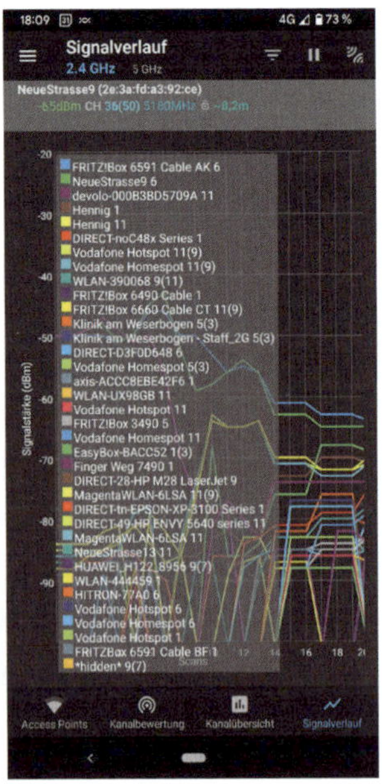

WiFi Analyzer zeigt alle WLANs in Reichweite

Router auf dicht nebeneinanderliegenden WLAN-Kanälen können Interferenzen verursachen, die den WLAN-Empfang schwächen.

FRITZ!App WLAN

Hersteller: **AVM GmbH**
Preis: **kostenlos**
Android-Version: **ab 7.0**

FRITZ!App WLAN ist eine interessante Alternative zum *WiFi Analyzer*, besonders – aber nicht nur – für FRITZ!Box-Nutzer. Ähnlich wie der *WiFi Analyzer* zeigt auch diese App detaillierte Informationen, Kanal und Signalstärke von WLANs in der Nähe an. Zusätzlich bietet sie Funktionen zum Messen der Verbindungsgeschwindigkeit und zum Teilen der WLAN-Zugangsdaten sowie eine aktuelle Liste angemeldeter Geräte im LAN.

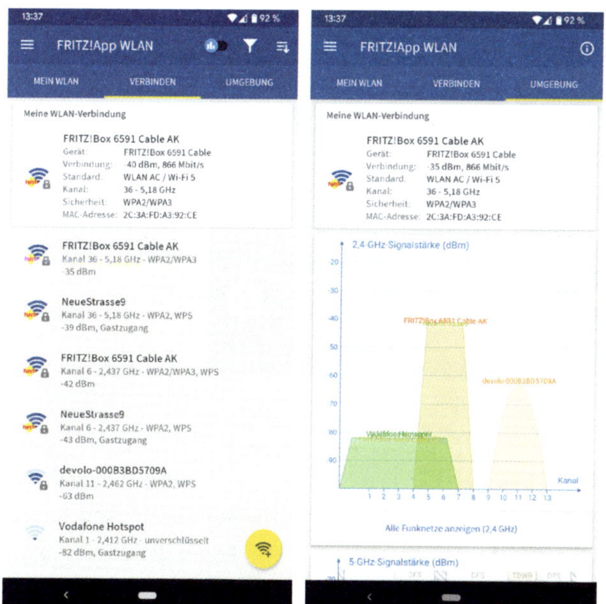

Ausführliche Informationen zum WLAN mit FRITZ!App WLAN

OpenSignal Geschwindigkeits-Test

Hersteller: **OpenSignal.com**
Preis: **kostenlos**
Android-Version: **ab 4.1**

OpenSignal misst die Qualität und Geschwindigkeit der Netzwerkverbindung über Mobilfunk oder WLAN. Auf einer Karte finden Sie die Mobilfunkzellen und WLAN-Hotspots in der Umgebung.

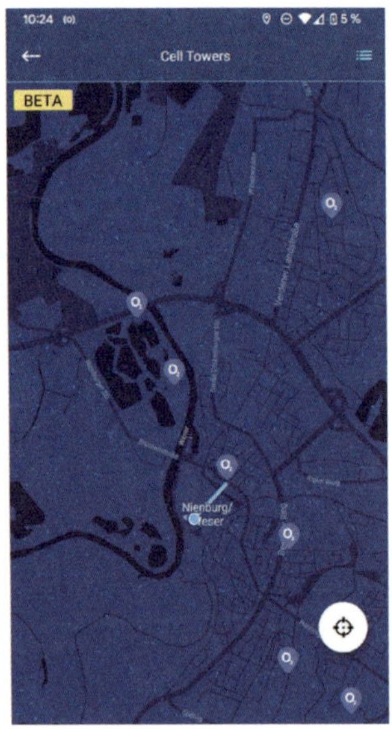

Geschwindigkeitstest für drahtlose Netzwerkverbindungen

Speedtest von Ookla

Hersteller: **Ookla**
Preis: **kostenlos (In-App-Käufe)**
Android-Version: **ab 5.0**

Jede Internetverbindung fühlt sich zu langsam an. Wie schnell die Verbindung aktuell aber wirklich ist, lässt sich kaum schätzen und hängt von vielen Faktoren ab. Die App *Speedtest* führt einen objektiven Geschwindigkeitstest durch, der jederzeit einem Vergleich mit anderen Geräten oder anderen Standorten standhält. Interaktive Karten zeigen die aktuelle Netzabdeckung aller Mobilfunkprovider.

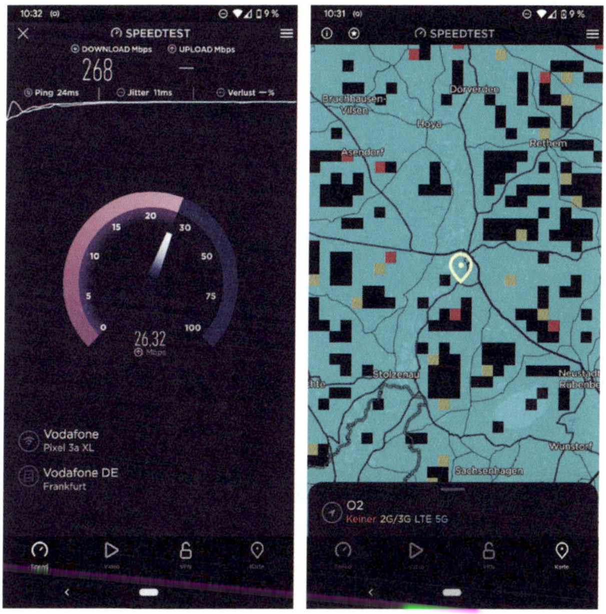

Geschwindigkeitstest für WLAN und Mobilfunk

Fing – Netzwerk-Scanner

Hersteller: **Fing Limited**

Preis: **kostenlos (In-App-Käufe)**

Android-Version: **ab 5.1**

Die Netzwerkanalyse-App *Fing* findet alle Geräte im eigenen WLAN mit IP-Adressen und Geräteinformationen. Auch WLAN-Router in der Umgebung lassen sich finden und detaillierte Daten anzeigen. Außerdem gibt es einen Ping-Test, Test der Internetgeschwindigkeit sowie Trace zu beliebigen Servern im LAN oder außerhalb.

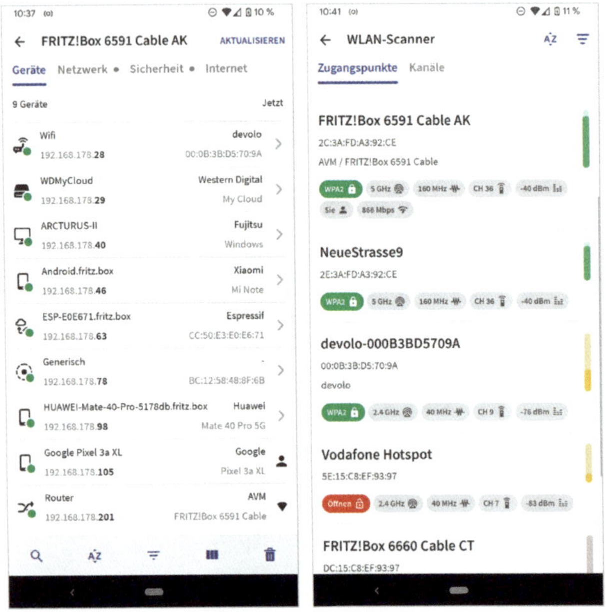

Fing bietet ausführliche Netzwerkanalyse im WLAN

FRITZ!App Fon

Hersteller: **AVM GmbH**
Preis: **kostenlos (In-App-Käufe)**
Android-Version: **ab 7.0**

Wer zu Hause über eine FRITZ!Box per VoIP telefoniert, kann dies auch mit dem Smartphone tun. Ist das Smartphone im heimischen WLAN an der FRITZ!Box angemeldet, wird es mit dieser App zum schnurlosen Festnetztelefon, nutzt die Festnetznummer und auch die Festnetz-Flatrate aus dem jeweiligen Tarif des DSL-Anschlusses.

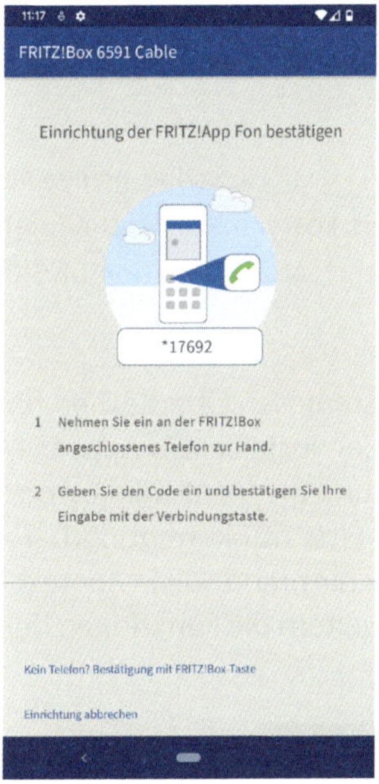

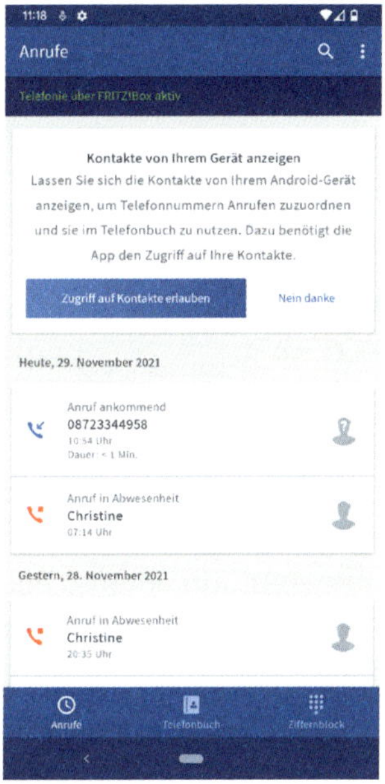

Über die FRITZ!Box per WLAN telefonieren

Fake Call

Hersteller: **Korea Inc. Dev**
Preis: **kostenlos (In-App-Käufe)**
Android-Version: **ab 5.0**

In einer langweiligen Besprechung, auf einer Familienfeier oder in einer peinlichen Situation kann das Klingeln des Smartphones oft die Rettung sein. Wenn die Mutter oder der Präsident anruft, verzeiht es jeder, dass man den Raum kurz verlässt. Die App *Fake Call* simuliert Anrufe bestimmter Personen zu einem vorgegebenen Zeitpunkt. Dabei lassen sich verschiedene zum jeweiligen Gerätemodell täuschend echt passende Anrufbildschirme auswählen. Verpasste Anrufe können wie echte Anrufe in den Benachrichtigungen angezeigt werden.

Alternative Oberflächen

GO Launcher

Hersteller: **go live llc**
Preis: **kostenlos (In-App-Käufe)**
Android-Version: **ab 5.0**

Der *GO Launcher* ist eine der bekanntesten kostenlosen Oberflächen für Android-Smartphones. Besonders bei sehr vielen installierten Apps bietet der *GO Launcher* durch seine Suchfunktion und die Möglichkeit, Apps in Ordnern abzulegen, eine gute Übersicht. Eine frei konfigurierbare Dockleiste für beliebte Apps am unteren Bildschirmrand sowie Kontextmenüs bei langem Drücken auf ein Symbol erweitern die Funktionen der Android-Oberfläche.

GO Launcher, einer der beliebtesten Launcher für Android

Der *GO Launcher* bietet eine komfortable Unterstützung für Fingergesten auf den Startbildschirmen und dem Docksymbol, verschiedene Blätteranimationen zwischen den einzelnen Startbildschirmseiten sowie scrollende und in der Größe veränderbare Widgets.

Neben Android-Widgets liefert der Launcher auch diverse eigene Widgets, die die Funktionen erweitern. Das Aussehen des *GO Launcher* ist über Themen weitgehend personalisierbar.

Alternativen Launcher als Standard verwenden

Ist ein alternativer Launcher installiert, wird automatisch eine Auswahlliste angeboten, wenn man das nächste Mal zum Startbildschirm wechselt. Tippen Sie darunter auf *Immer*, wird von nun an immer der gewählte Launcher gestartet.

Um die Einstellung zu ändern oder zurückzusetzen, wählen Sie *Einstellungen/Apps/Standard-Apps* und tippen dann auf *Start-App*. Wählen Sie hier wieder den gewünschten Standard-Launcher aus.

Yandex Launcher

Hersteller: **Yandex Services AG**
Preis: **kostenlos**
Android-Version: **ab 5.0**

Ein moderner schlanker Launcher mit vielen Einstellungsmöglichkeiten und Themen. Apps können automatisch nach Kategorien in Ordner gelegt werden. Bei vielen installierten Apps kann man solche, deren Namen man vergessen hat, anhand der Farbe des Icons finden.

Auf einer eigenen Startbildschirmseite wird ein Newsfeed mit wählbaren Quellen angezeigt.

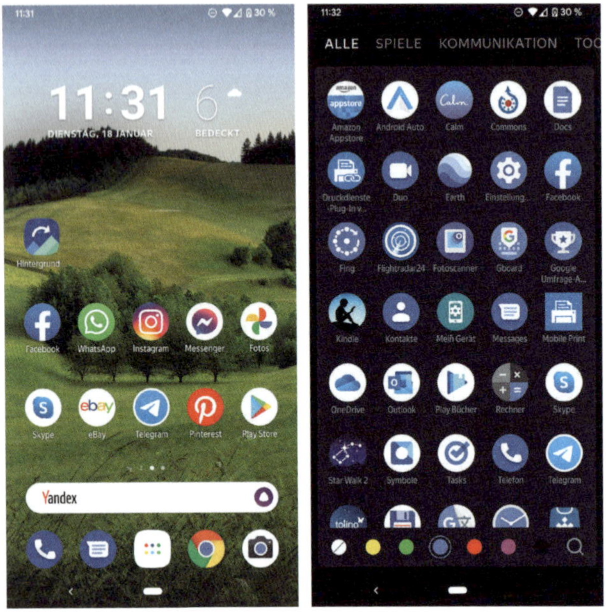

Die personalisierbare Oberfläche des Yandex Launcher

Launcher 10

Hersteller: **nfwebdev**
Preis: **kostenlos (In-App-Käufe)**
Android-Version: **ab 4.1**

Microsofts Smartphone-Plattform Windows 10 Mobile überzeugte durch die innovative Oberfläche, die ganz neue Akzente bei der Bedienung von Smartphones setzte.

Launcher 10 ist eine Android-Benutzeroberfläche, die das Design und Bedienkonzept des ehemaligen Windows 10 Mobile täuschend echt nachahmt. Die Live-Kacheln und Farben lassen sich wie beim Vorbild anpassen.

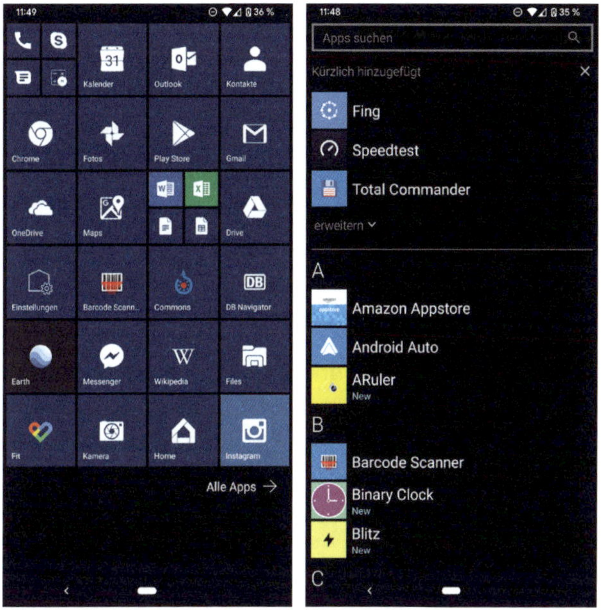

Launcher 10 macht aus dem Android-Smartphone (fast) ein Windows Phone

Microsoft Launcher

Hersteller: **Microsoft Corporation**
Preis: **kostenlos**
Android-Version: **ab 5.0**

Der *Launcher 10* sieht aus wie Microsoft Windows 10 Mobile, stammt aber nicht von Microsoft. Umgekehrt entwickelt aber auch Microsoft einen Android-Launcher, der allerdings nur wenig nach Windows aussieht.

Microsoft hat mit dem *Microsoft Launcher* den Android-Startbildschirm komplett neu erfunden und liefert diverse Funktionen, die andere Launcher nicht kennen.

Im Gegensatz zu den meisten anderen Launchern verfügt der *Microsoft Launcher* nur über eine einzige Bildschirmseite mit App-Symbolen. Hier werden die zuletzt verwendeten sowie häufig genutzte Apps automatisch abgelegt. Links vom Startbildschirm ist eine Seite, die die zuletzt kontaktierten Personen anzeigt. Hier tauchen auch Anrufe, SMS und E-Mails auf. Im Suchfeld oben ist ein Foto- und QR-Code-Scanner integriert.

Die Liste der Apps, die wie üblich über eine Wischbewegung von der Bildschirmmitte nach oben aufgerufen wird, ist ähnlich wie bei den ehemaligen Windows Phones nach Anfangsbuchstaben schnell durchsuchbar.

Der Launcher kann das tägliche Hintergrundbild von Bing automatisch herunterladen und als Hintergrund verwenden. Dabei empfiehlt es sich, diese Bilder nur über WLAN herunterzuladen, um Datenvolumen im Mobilfunktarif zu sparen.

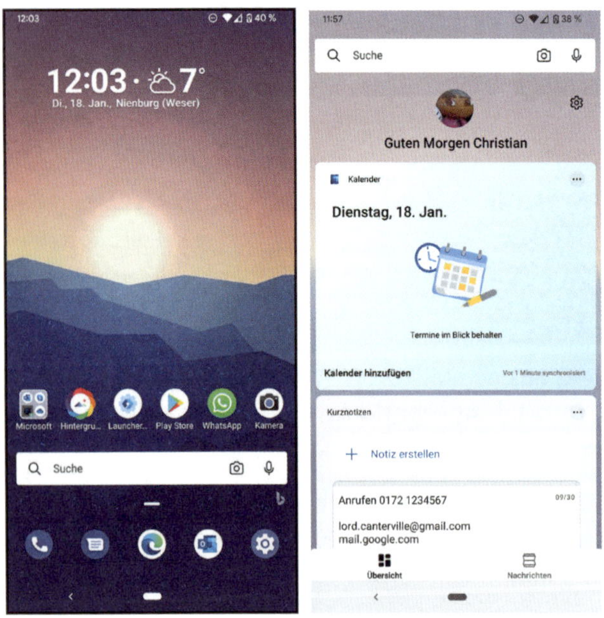

Microsoft Launcher mit Übersichtsbildschirm über aktuelle Termine, Aufgaben und Notizen

Sicherheit

Google Mein Gerät finden

Hersteller: **Google LLC**
Preis: **kostenlos**
Android-Version: **ab 4.1**

Android verfügt über eingebaute Funktionen, um ein Smartphone zu orten oder sogar aus der Ferne zurückzusetzen, wenn es gestohlen wurde. Mit der App *Google Mein Gerät finden* finden Sie von einem Android-Gerät aus alle anderen Geräte, die im selben Google-Konto registriert sind. Sie können sich auf dem Smartphone eines Freundes als Gast anmelden, wenn Ihr eigenes Smartphone verloren ist.

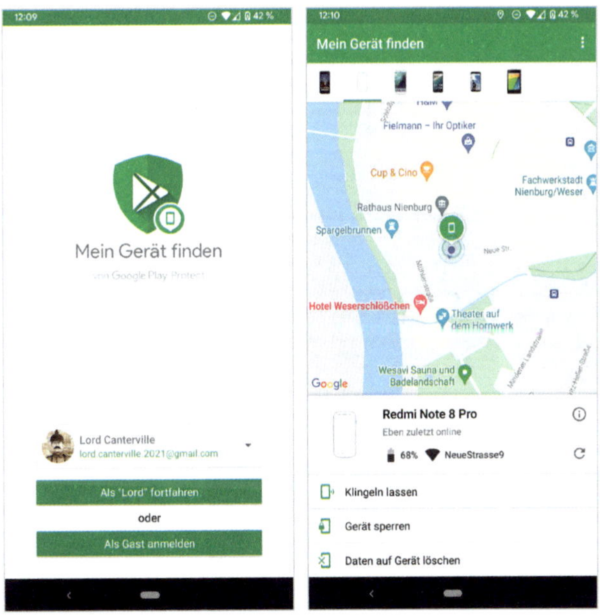

Smartphone orten und klingeln lassen

ProtonVPN

Hersteller: **Proton AG**
Preis: **kostenlos (In-App-Käufe)**
Android-Version: **ab 6.0**

Die VPN-Technik (**V**irtual **P**rivate **N**etwork) bietet einen sicheren, verschlüsselten Internetzugang über diverse Server im Ausland. Damit ist sichergestellt, dass keine Onlineaktivitäten in fremde Hände gelangen. Zusätzlich bietet VPN Zugang zu Inhalten, die in bestimmten Ländern gesperrt sind, was gerade in Deutschland zurzeit immer wichtiger wird.

So sind beispielsweise in keinem Land, in dem YouTube nicht komplett gesperrt ist (Nordkorea, China, Iran), so viele YouTube-Videos zensiert wie in Deutschland.

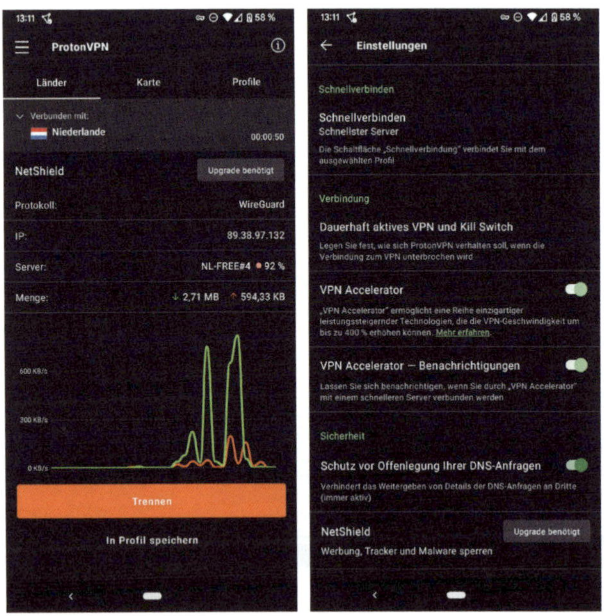

ProtonVPN bietet kostenlos einen sicheren Internetzugang

Addons Detector

Hersteller: **denper**
Preis: **kostenlos (In-App-Käufe)**
Android-Version: **ab 5.0**

Der *Addons Detector* findet in Apps integrierte Werbenetzwerke und noch weitere Tools, die Entwickler vom Nutzer unbemerkt in ihre Apps integrieren. Dazu gehören u. a. Diagnose- und Analysetools, die das Benutzerverhalten ausspähen.

Auch Funktionen, die das Smartphone mit sozialen Netzwerken und Spielenetzwerken verbinden, werden aufgedeckt. Viele Apps, die sich im Google Play Store als Freeware tarnen, enthalten versteckte

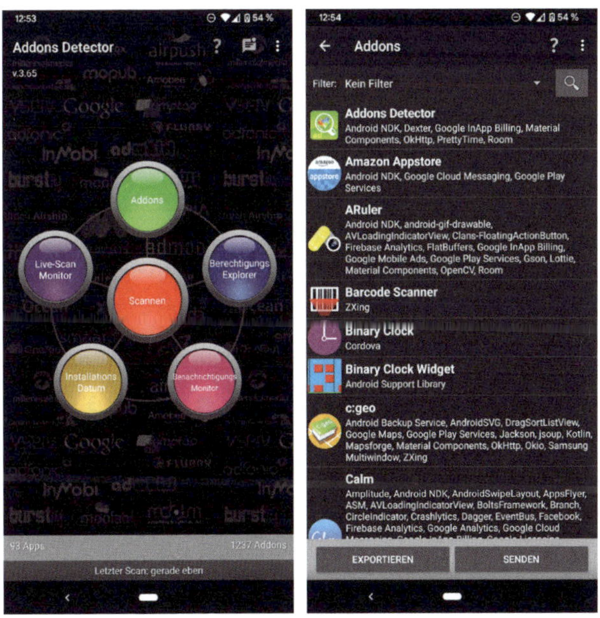

Der Addons Detector findet installierte Apps mit integrierter Werbung oder versteckten Bezahlfunktionen

Lizensierungstools, die prüfen, ob eine App legal gekauft ist, oder bei Testversionen Zeitbeschränkungen setzen.

Alle Apps, in denen z. B. Google In-app Billing, die Bezahlfunktion aus dem Google Play Store, gefunden wird, sind voraussichtlich nicht komplett kostenlos nutzbar.

Verbindung mit dem PC

Begleiter für Ihr Smartphone

Hersteller: **Microsoft Corporation**
Preis: **kostenlos**
Android-Version: **ab 7.0**

Die in Windows 11 vorinstallierte App *Ihr Smartphone* zur Verbindung zwischen Smartphone und PC hat zwar noch nicht den Funktionsumfang der meisten Tools von Handyherstellern, wird aber mit jedem Update nützlicher.

Auf dem Smartphone muss die App *Begleiter für Ihr Smartphone* installiert sein und alle angefragten Berechtigungen müssen gewährt werden. Auf einigen Samsung-Smartphones ist die App bereits vorinstalliert. Danach wird auf dem PC ein QR-Code angezeigt.

Scannen Sie diesen zum Koppeln mit dem Smartphone. Die Datenübertragung zwischen Smartphone und PC erfolgt über ein USB-Kabel oder WLAN. Um direkt über das Smartphone vom PC zu telefonieren, ist zusätzlich zur USB- oder WLAN-Verbindung auch eine Bluetooth-Verbindung notwendig.

Nach der erfolgreichen Verknüpfung steuern Sie alles Weitere vom PC, die App muss nur im Hintergrund laufen.

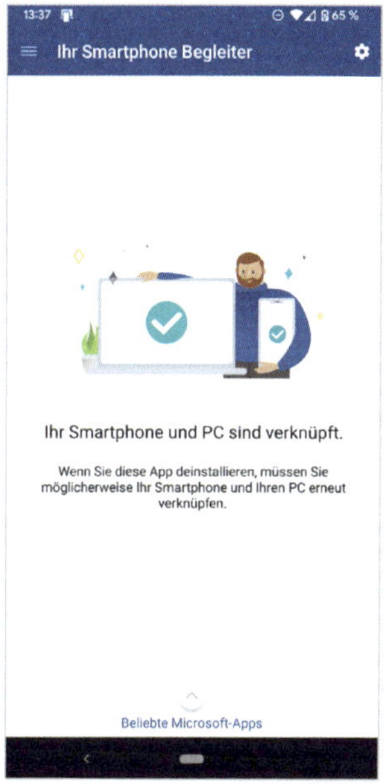

Begleiter für Ihr Smartphone verbindet das Smartphone mit der Ihr-Smartphone-App von Windows

Chrome Remote Desktop

Hersteller: **Google LLC**
Preis: **kostenlos**
Android-Version: **ab 4.4**

Chrome Remote Desktop ist eine App von Google, mit der Sie Ihren PC vom Smartphone fernsteuern können. Auf dem PC ist dazu der Chrome-Browser erforderlich.

Dort müssen Sie mit demselben Google-Konto wie auf dem Smartphone angemeldet sein. Der Modus *Remote-Unterstützung* funktioniert mit fremden PCs und anderen Google-Konten. Hier muss ein eigener Sicherheitsschlüssel eingegeben werden.

1 Laden Sie bei chrome.google.com/remotedesktop im Chrome-Browser auf dem PC die App *Chrome Remote Desktop* aus dem Chrome Web Store herunter.

2 Starten Sie die App *Chrome Remote Desktop* anschließend über den Button *App starten* oder über den Chrome App Launcher auf dem Windows-Desktop.

3 Beim ersten Start müssen Sie der App die angefragten Zugriffsberechtigungen geben, da der Chrome-Browser sonst keine derartigen Zugriffe von außen zulassen würde.

4 Klicken Sie im *Chrome Remote Desktop*-Fenster im Bereich *Meine Computer* auf *Remote-Verbindungen aktivieren*. Nur beim ersten Mal muss noch ein Remote-Desktop-Host-Installationsprogramm heruntergeladen und ausgeführt werden.

5 Überprüfen Sie die Energieeinstellungen des PCs. Stellen Sie sicher, dass er nicht automatisch nach einer Inaktivitätszeit in einen Energiesparmodus schaltet. In diesem Fall wäre er aus der Ferne nicht erreichbar.

6 Starten Sie auf dem Smartphone die App *Chrome Remote Desktop*. In der Liste erscheinen Ihre Computer, auf denen *Chrome Remote Desktop* installiert ist. Manchmal dauert es einen Moment, bis ein neuer PC hier auftaucht. Tippen Sie in solchen Fällen auf das *Aktualisieren*-Symbol oben rechts.

7 Jetzt erscheint der Desktop des PCs auf dem Smartphone-Bildschirm. Am besten halten Sie das Smartphone dazu quer. Hier können Sie mit einer Zweifingergeste zoomen. Die Symbole oben rechts schalten auf Vollbildmodus und blenden eine Tastatur ein. Über das Menüsymbol oben rechts können Sie die Verbindung trennen.

15. Apps, auf die die Welt gewartet hat

Gerade die Apps, die manchen Nutzern als völlig sinnlos erscheinen, sind die, die anderen den meisten Spaß bereiten oder sogar wirklich nützlich sind.

Lineal

Hersteller: **NixGame**
Preis: **kostenlos**
Android-Version: **ab 4.4**

Um kleine Gegenstände auszumessen, fehlt meist ein Lineal oder ein Zollstock. Mit dieser App braucht man den Gegenstand nur auf den Bildschirm zu legen und kann ihn exakt vermessen. Verschiedene Kalibrierungsverfahren ermöglichen es, das Lineal exakt auf die jeweilige Bildschirmgröße einzustellen. Gängige Smartphones werden automatisch erkannt und kalibriert.

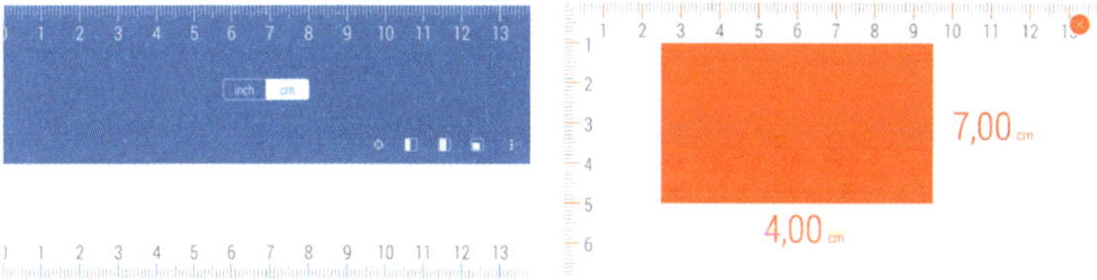

Auf dem Smartphone-Bildschirm kleine Gegenstände ausmessen

Who's First

Hersteller: **chizography**
Preis: **kostenlos**
Android-Version: **ab 4.1**

Bei Brettspielen stellt sich immer wieder die Frage: Wer fängt an? Statt das auszuwürfeln, berühren alle Mitspieler mit einem Finger den Bildschirm. Nach einem kurzen Countdown zeigt die App, wer beginnt. Natürlich lässt sich diese App auch für andere Zwecke nutzen, etwa eine Person zufällig auszuwählen, die die nächste Runde ausgibt etc.

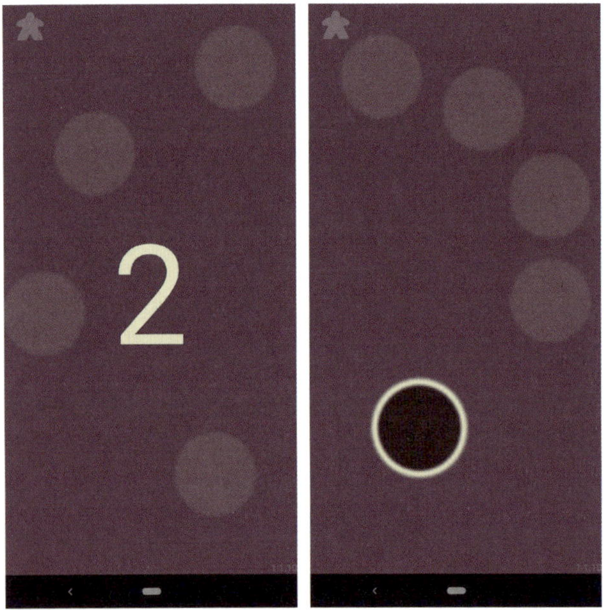

Who's First? bestimmt den Startspieler

Fake Geiger Counter

Hersteller: **Derval Toledo**
Preis: **kostenlos**
Android-Version: **ab 8.0**

Noch können Smartphones nicht wirklich die Radioaktivität der Umgebung messen – nur bei besonders hoher Strahlung fallen sie einfach aus. Diese App simuliert aber sehr eindrucksvoll einen Geigerzähler einschließlich der typischen Knackgeräusche. Beim »Messen« braucht man das Smartphone nur mehr oder weniger stark zu neigen und der Geigerzähler schlägt Alarm.

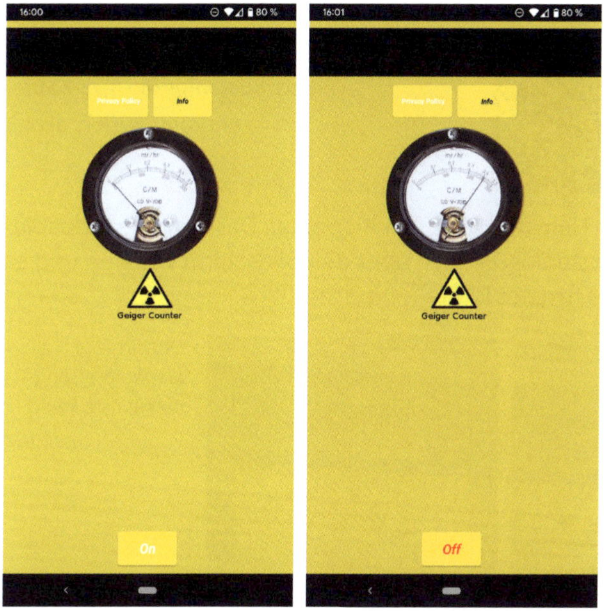

Radioaktivität in der Umgebung messen – oder so tun, als ob

Lightbox Free

Hersteller: **Whimsical Otter**
Preis: **kostenlos**
Android-Version: **ab 7.0**

Um alte Dias oder Fotonegative zu betrachten, muss man diese immer gegen das Licht halten oder man braucht einen professionellen Leuchtkasten. *Lightbox Free* macht nichts anderes als viele Taschenlampen-Apps, nur unter einem anderen Motto: Sie lässt den Bildschirm des Smartphones weiß oder in einer einstellbaren Farbe leuchten, damit man Dias drauflegen und sie betrachten kann.

Klopapier-App

Hersteller: **Steckenpferd Enterprises UG**
Preis: **kostenlos (In-App-Käufe)**
Android-Version: **ab 4.3**

Sparen Sie sich die Hamsterkäufe von Klopapier. Das virtuelle Klopapier in dieser App ist kostenlos. Einfach über den Bildschirm wischen und es erscheint ein neues frisches Blatt.

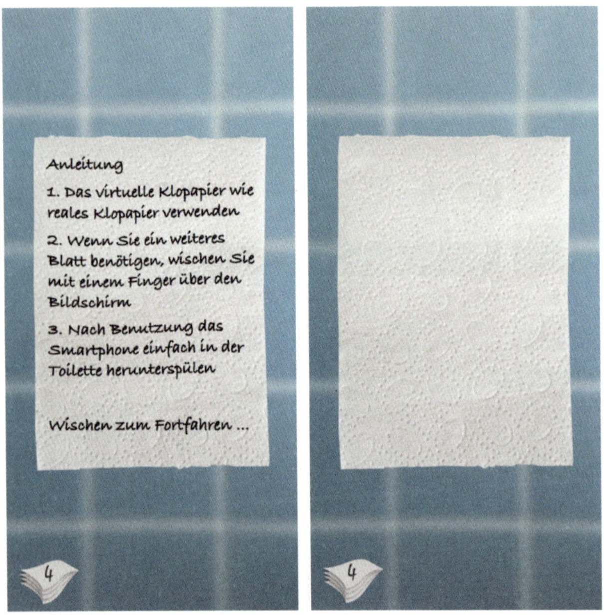

Das virtuelle Klopapier erspart die Hamsterkäufe

In diesem Sinne viel Spaß mit Ihren Android-Apps.

Christian Immler und das Markt+Technik Team